*Conozca la
Iglesia de Dios en
América Latina*

Conozca la Iglesia de Dios en América Latina

Edición revisada y actualizada en 2019 por la Confraternidad Interamericana de la Iglesia de Dios

Editada por David Miller

© 2019, Editorial La Trompeta
Todos los derechos reservados.

Publicado originalmente en Argentina en 1989 por
Editorial La Trompeta
Casilla 758
Cochabamba, BOLIVIA

No se permite la reproducción total o parcial, almacenamiento, transmisión por medios electrónicos o mecánicos, la modificación en cualquier forma de este libro, fotocopiar, digitalizar o reproducirlo por otros métodos, sin el previo permiso escrito del autor.

A menos que se indique lo contrario, las citas bíblicas son tomadas de la Versión Reina Valera, Revisión 1960.

ISBN 978-0-9916358-4-9

Comisionado por la Confraternidad Interamericana de la Iglesia de Dios

Víctor Quispe, Presidente
Alberto Martínez, Tesorero
Esteban Zapata, Secretario

Editada por David Miller
Diseño de la portada: Alcione Giovanella
Correcciones del texto: Magaly Sánchez

Porqué Este Libro

Conozca la Iglesia de Dios en América Latina ha servido por más de 20 años como fuente autoritativa de la historia del Movimiento de la Iglesia de Dios en los países de América Latina. En el año 2016, el directorio de la Confraternidad Interamericana de la Iglesia de Dios comisionó esta nueva edición.

"Este pequeño libro, que he conocido cuando era joven, explica cómo ha avanzado cada país, su historial, sus anécdotas, los motivos por los cuales se ha llevado," dijo Víctor Hugo Quispe, actual presidente de la CIID.

El hermano Quispe, Alberto Martínez y Esteban Zapata. Tesorero y Secretario respectivamente, escribieron cartas personales a cada uno de los 19 países de habla hispana donde existen congregaciones de la Iglesia de Dios.

Solicitaron a los líderes nacionales poner al día sus respectivos capítulos sobre la obra de Dios en su país, para que *Conozca* siga teniendo un impacto motivador en el crecimiento de la Iglesia de Dios.

"Se supone que existe un desconocimiento de las últimas actividades de crecimiento y fortalecimiento que ha tenido la iglesia," decía textualmente la carta.

La intención del directorio ha sido completar la nueva edición para distribución en la XXVII Conferencia Interamericana de la CIID en Saltillo, México, evento programado para el 16 al 19 de julio de 2019. Cada delegado que se inscribe para la CIID 2019 recibe una copia de cortesía del presente libro. Sea usted, estimado lector, uno de estos delegados o no, nuestro deseo es que disfrute y aproveche de su lectura. Dios le bendiga.

Contenido

Un Poco de Historia	7
Argentina	17
Belice	26
Bolivia	31
Brasil	40
Chile	49
Colombia	53
Costa Rica	60
Cuba	65
Ecuador	71
Estados Unidos – Obra Hispana	75
Guatemala	82
Honduras	86
México	91
Nicaragua	97
Panamá	100
Paraguay	105
Perú	113
Puerto Rico	118
República Dominicana	121
Uruguay	128
Venezuela	134
Lista de Publicaciones	138

Conozca La Iglesia de Dios en América Latina

Un Poco de Historia

¿QUÉ ES LA IGLESIA DE DIOS?
¿POR QUÉ ME LLAMÓ DIOS A SER PARTE DE ESTA IGLESIA?

Estas son preguntas que hacen miembros de la Iglesia de Dios a lo largo de América Latina. Reflejan una sincera inquietud de vivir en obediencia a la voluntad de Dios revelada en las Escrituras. Son preguntas honestas y profundas que merecen respuestas consideradas.

Esta introducción es un breve intento de responder a la primera pregunta, por lo menos, desde una perspectiva histórica. Ofrecemos este retrato del Movimiento de la Iglesia de Dios para explicar cómo nació, qué cree y a dónde va.

La respuesta a la segunda pregunta, estimado lector, tú tienes que descubrir por ti mismo, mientras vives en comunión con una congregación de la Iglesia de Dios y creces en tu comprensión de la voluntad de Dios en tu vida. Nuestro deseo es darte unos puntos de referencia para ayudarte en el camino.

El Movimiento de la Iglesia de Dios nació en una visión que vio el norteamericano Daniel S. Warner a fines del siglo XIX. "El 31 de enero (de 1878)," escribe en su diario, "el Señor me mostró que corresponde unir la santidad a toda verdad para edificar la iglesia apostólica de Dios viviente. ¡Gloria a su nombre! Le obedeceré."

Esta declaración de Warner hace mención de dos elementos importantes en la historia del cristianismo: la iglesia apostólica, o sea la iglesia que vemos desarrollándose en la época del Nuevo Testamento, y la vida santa

Daniel S. Warner

Un Poco de Historia

que Cristo mandó vivir a sus seguidores comprometidos.

Volvemos al siglo XVI para entender la importancia de estos fenómenos históricos. El sacerdote alemán Martín Lutero luchaba para reconciliar las prácticas de la Iglesia Católica Romana de su época con las verdades bíblicas que venía aprendiendo con más claridad mientras dictaba clases de teología. En particular, su creciente concienciación que la salvación viene sólo por fe en Jesucristo chocó violentamente con la noción popular que uno gana el Cielo recibiendo los sacramentos o cumpliendo penitencias. Al final, Lutero no podía reconciliar estas diferencias y empezó a debatir las doctrinas de la Iglesia Católica Romana con los teólogos del Vaticano. Así estalló la Reforma Protestante, movimiento que cambiaría para siempre la cristiandad global.

La Reforma iniciada por Lutero, y luego apoyada por Ulrich Zwingli en Suiza, Enrique VIII en Inglaterra y otros líderes europeos, terminó legándonos dos importantes fundamentos doctrinales. El primero es *sola fe*, la afirmación que el justo vivirá por fe y no por obras (Efesios 2:8-9). Segundo, *sola escritura*, el reconocimiento que la Biblia--no el Papa u otro poder eclesial--es la única fuente de revelación y la única autoridad para la fe y práctica (2 Timoteo 3:15-17).

De pronto, surgió un movimiento que aplicaba estos dos principios de forma aún más vigorosa. La Reforma Radical apareció primeramente en Zúrich, donde Zwingli organizaba células de estudio bíblico. Al escudriñar las Escrituras, estos creyentes se dieron cuenta de la gran diferencia entre la vida y conducta de la iglesia del Nuevo Testamento y la de las iglesias que existían en Europa 15 siglos después. Concluyeron que para ser obediente a Cristo, no podían conformarse simplemente con la reforma de la Iglesia Católica medieval. Se precisaba restaurar de una vez la iglesia apostólica del Nuevo Testamento, con toda su fidelidad y dinamismo.

Vale aclarar que estos reformistas se llaman "radicales" no por sostener ideas revolucionarias, sino por su deseo de volver a las "raíces" de la fe cristiana. Como el símbolo matemático "radical" expresa la fórmula para descubrir la raíz de un dígito, la Reforma Radical representa un movimiento dentro de la cristiandad occidental que anhelaba recuperar las raíces de la iglesia apostólica. Es decir, en la actualidad los cristianos radicales se dedican a realizar en la

Conozca La Iglesia de Dios en América Latina

actualidad la visión que Jesús tiene para su iglesia desde hace dos mil años.

Daniel Warner heredó esta visión radical de la iglesia. Él se convirtió a Cristo en una denominación llamada Las Iglesias de Dios de Norteamérica. Fundada en 1825 por John Winebrenner, esta comunidad "adoptó el plan apostólico, como se enseña en el Nuevo Testamento, y estableció iglesias espirituales, libres e independientes . . . sin ningún nombre humano, credo, ordenanza o ley humana," anota el historiador, Richard Kern.

Warner recibió su credencial de predicador en las Iglesias de Dios de Norteamérica (otrora conocidas como las Iglesias de Dios Winebrennerianas) dos años después de la conclusión de la Guerra Civil y al momento en que comenzaba un importante avivamiento espiritual en los Estados Unidos. Conocido como el Avivamiento de Santidad, tendría un gran impacto en la vida del joven Warner.

El Avivamiento de Santidad, a su vez, tenía sus raíces en un avivamiento que estalló en Inglaterra hacía 150 años. Un clero de la Iglesia Anglicana, John Wesley, experimentó una conversión dramática en 1738 y empezó a predicar en público el arrepentimiento del pecado y la santificación entera por el Espíritu Santo. En el espacio de 70 años, el Avivamiento Wesleyana, también conocido como el Avivamiento Evangélico, transformó la sociedad inglesa. El país enfrentaba un alto índice de alcoholismo, el abuso de niños y mujeres, y la explotación de la clase obrera. Los nuevos cristianos evangélicos se movilizaron para abolir el tráfico de esclavos, establecer un trato más humano con los internados en prisiones y manicomios, y establecer salarios justos para los obreros. Es decir, pusieron la justicia en práctica, no solamente en el culto dominical, sino en toda esfera de la vida cotidiana.

El meollo del Avivamiento de Santidad fue la doctrina de entera santificación. Así entendía Wesley la obra del Espíritu Santo cuando transforma a un rebelde pecador en un seguidor comprometido de Jesús. Efectúa un cambio profundo en su personalidad, le da un corazón nuevo, lleno de gozo y compasión, y derrama poder para ser un testigo efectivo del Señor Jesucristo resucitado.

Un colaborador de Wesley llevó este mensaje evangélico al Nuevo Mundo. En 1740, George Whitefield cruzó el Atlántico para predicar

Un Poco de Historia

en las colonias británicas de Norte América, aliándose con el evangelista puritano, Jonathan Edwards. Estalló el "Gran Despertar" espiritual, avivamiento que cambiaría la dirección histórica de Norte América. El respetado e influyente Benjamin Franklin, testigo presencial del avivamiento en Philadelphia, escribió del "maravilloso cambio de pronto efectuado en el comportamiento de nuestros habitantes."

Como los evangélicos en Inglaterra, estos nuevos convertidos formaron pequeños grupos o "clases" que se reunían semanalmente para orar, estudiar la Biblia y dedicarse a otras disciplinas que producen la madurez espiritual. Los miembros de estas clases se conocían como "metodistas," porque adoptaron el método desarrollado por Juan Wesley para aplicar la doctrina de santidad a la vida cotidiana.

Cuando las colonias norteamericanas ganaron su independencia en 1782, surgió una crisis para la comunidad metodista. Como ciudadanos libres de una nueva república, ya no podían ser miembros de la Iglesia Anglicana, cuya cabeza oficial es la corona inglesa. Seguir siendo anglicanos significaba jurar fidelidad al rey de Inglaterra, gesto que era absolutamente imposible para los americanos. Entonces, peticionaron a Wesley autorizar la formación de la Iglesia Metodista en los Estados Unidos de América.

A principios del siglo XIX, nació en el seno de la Iglesia Metodista el segundo Gran Despertar. Caracterizado por su mensaje de santificación y la formación de pequeñas clases dedicadas a formar discípulos, los metodistas iniciaron uno de los movimientos de evangelización y plantación de iglesias más exitoso de la historia hasta aquel momento. Ganaron tantas almas nuevas, y atraían de otras

La portada de *La Trompeta del Evangelio*, marzo de 1886.

Conozca La Iglesia de Dios en América Latina

iglesias a tantos creyentes que buscaban una vida íntima con Jesús, que para los mediados del siglo XIX, la mitad de toda la población cristiana de los Estados Unidos pertenecía a una congregación Metodista.

Una de las personas interesadas en una vida íntima con Jesús fue Daniel Warner. Convertido en 1865 a la edad de 23 años, entró en el ministerio pastoral dos años después. Por más de una década, trabajó en las Iglesias de Dios Winebrennerianas, que para Warner representaba una expresión fiel de la iglesia apostólica. Probablemente hubiera pasado toda la vida en esa denominación si no fuera por haber recibido en 1877 la experiencia de entera santificación. Warner no solamente empezó a predicar con pasión la doctrina, sino empezó a escribir sobre ella en un nuevo periódico titulado "La Trompeta del Evangelio."

Problemas surgieron inmediatamente para él porque los ancianos de las Iglesias Winebrennerianas consideraban como "sectas de fanáticos" a los creyentes que buscaban esta experiencia. Ordenaron a Warner desistir de predicar la santificación, porque "trae división entre las iglesias." Él obedeció la sentencia por un breve tiempo, hasta que la convicción de que la "segunda obra de gracia" fue verdadera superó su lealtad a su denominación. Reanudó su enseñanza de la doctrina. Los ancianos respondieron, quitándole su licencia de predicador.

A pesar de quedar huérfano espiritual, Warner sentía "una dulce seguridad . . . de que mi querido Padre, a Quien le pertenezco, cambiaría esto--y todo lo demás que pongo en el altar--para mi bienestar y Su gloria." Casi simultáneamente, Warner recibió la comisión anteriormente mencionada de "juntar la santidad a toda verdad para edificar la iglesia apostólica del Dios viviente." El resto, como se dice, es historia.

Su amarga experiencia con autoridades eclesiales convenció a Warner que "es difícil que la santidad prospere en tierra sectaria." Por ende, incorporó en su mensaje de la vida santa una llamada a la unidad de la iglesia. En realidad, había descubierto que la experiencia de entera santificación engendra la auténtica unidad. En otras palabras, el Espíritu Santo produce el fruto de amor, gozo, paz y lo demás, y este fruto automáticamente produce la armonía entre los

Un Poco de Historia

miembros del Cuerpo de Cristo. Como escribe Arlo F. Newell en su libro *La Iglesia de Dios Revelada en las Escrituras*, "La belleza de la iglesia de Dios es la unidad que nace de una experiencia común de santidad, produciendo vidas obedientes a Cristo, la Cabeza de la iglesia."

Además, si la armonía interpersonal restaura la verdadera unidad de la iglesia, Warner concluía, entonces es innecesaria la organización humana en la iglesia. "Pues, vemos que la iglesia primitiva no precisaba de un sistema hecho de hombres," afirma su colega, A.L. Byers. "Siendo llenos del Espíritu Santo, lo aceptaban voluntariamente como su maestro y guía."

En 1881 en una campaña en Carson City, Michigan, Warner y unos pocos hermanos más se pusieron de acuerdo sobre su visión de la iglesia apostólica unida. Estas cinco "resoluciones" definen con sencilla claridad las bases del nuevo movimiento.

Resuelto, que intentemos, por la gracia de Dios, llevar una vida santa, justa y piadosa en Cristo Jesús, anticipando el pronto retorno de Cristo.

Resuelto, que no nos vinculamos con ninguna organización eclesiástica sino la iglesia de Dios, la cual es comprada por la sangre de Cristo, organizada por el Espíritu Santo y gobernada por la Biblia.

Resuelto, que abandonemos la práctica de (emitir) licencias ministeriales, por carecer de ejemplo en la Palabra de Dios, y que deseamos ser "conocidos por nuestros frutos" en vez de documentos.

Resuelto, que no reconocemos a ninguno entre nosotros como ministro, cuya vida no muestre la santidad en Cristo o cuya doctrina no es la Palabra de Dios.

Resuelto, que mantengamos comunión como miembros del único cuerpo de Cristo, todos los santos verdaderamente regenerados y sinceros quienes adoran a Dios en toda la luz que poseen.

Sin duda, hoy en día estas convicciones parecen ideas esotéricas para algunas personas, o a lo mejor, teorías imposibles para implementar.

Conozca La Iglesia de Dios en América Latina

Sin embargo, Daniel Warner y sus socios incorporaban la bella visión que recibieron de Dios. Se pusieron a diseminarla con toda urgencia. Formaron "bandas santas" de evangelistas, pequeños grupos que viajaban por carreta, barco y tren anunciando en ciudades, aldeas y campos la "última reforma" de la iglesia.

El testimonio de un joven que vio a estos pioneros en acción transmite algo de la urgencia con que trabajaban. Más aún nos explica un poco el por qué el Movimiento Reformador de la Iglesia de Dios fue destinado a tener un impacto significativo sobre el cristianismo en Estados Unidos del siglo XIX.

Trabajaba yo con mi padre en los sembradíos cuando pasaron el hermano Warner y su compañía por el camino, cantando "Rio de Paz" y gritando "¡Aleluya!" Nunca habíamos visto tal escenario. Cantar y gritar de júbilo mientras viajaban en vías públicas era la costumbre de la banda del hermano Warner en aquellos días. La gente se acudía a las ventanas de sus casas para escuchar los cánticos y decía, "Ya vienen los ángeles."

Casi todas las predicaciones del Hermano Warner enfocaban en la doctrina. Los pecadores se convertían de veras cuando él predicaba. No nacieron muertos. Las personas generalmente se entregaban a Jesús con gritos de júbilo. No era nada raro durante un mensaje observar a cien santos de pie gritando y el hermano Warner saltando y exclamando "¡Fuego, Fuego!" La mayoría de los predicadores pioneros se caracterizaban por saltar y gritar en el pulpito.

Como sus antepasados espirituales en el Avivamiento Wesleyano, los pioneros de la Iglesia de Dios ponían en práctica sus creencias sobre la santidad y justicia. Una esfera de la sociedad estadounidense en la que dejaron un testimonio notorio fue las relaciones entre las razas. A fines del siglo XIX, la segregación de blancos y negros era la norma social en los Estados Unidos, especialmente en el sur del país. Sin embargo, "El mensaje de la unidad de todos los creyentes que predicaba la Reforma de la Iglesia de Dios implicaba una actitud interracial," escribe el historiador John W.V. Smith. "Es notable que durante la primera década (1880-1890) casi no mencionaban la

Un Poco de Historia

cuestión de la raza; predicaron el mensaje, el pueblo negro respondió y fue aceptado. Líderes negros trabajaban juntamente con sus semejantes blancos para sembrar congregaciones por todo el sur del país, desafiando las costumbres y leyes vigentes."

Como resultado de aceptar a todo y cada uno de los seguidores de Cristo en su confraternidad, el movimiento de Warner llegó a ser "la entidad evangélica más racialmente integrada en los Estados Unidos," según el reconocido historiador Timothy L. Smith. "La Iglesia de Dios está en una gran posición para informar al mundo evangélico sobre las relaciones interraciales."

William J. Seymour fue uno de los hombres de color atraído a la Iglesia de Dios por su postura de integración. Hijo de esclavos, llegó a ser "el líder afro-americano de mayor influencia en la historia religiosa de los Estados Unidos," según Sidney Ahlstrom de la Universidad de Yale. La revista *Christian History* nombró a Seymour "uno de los 10 cristianos más importantes del siglo XX."

Seymour dejó este legado porque fue el protagonista del Avivamiento de la Calle Azusa que estalló en Los Ángeles, California en 1906. Un mover del Espíritu Santo acompañado de milagros, conversiones masivas y otras señales y maravillas hizo que la Calle Azusa pareciera el Libro de Los Hechos. Noticias del avivamiento se difundieron por el mundo entero. En el espacio de los tres años que duró el avivamiento, más de 50 mil peregrinos pasaron por el humilde templo de Seymour. Vinieron todos por un mismo motivo, para que él les pusiera las manos y pidiera a Dios que les bautizara con el Espíritu Santo de la misma manera que bautizó a los 120 discípulos en el Día de Pentecostés.

William J. Seymour

Cuando cesó las manifestaciones en Los Ángeles, Seymour volvió a pastorear su pequeño rebaño hasta su muerte en 1922, sin darse cuenta de que sería acreditado como el autor del Movimiento Pentecostal. Pues, no pensaba fundar un movimiento global. Simplemente intentaba ser obediente al mensaje de la santidad y

Conozca La Iglesia de Dios en América Latina

unidad que había aprendido de los hermanos de la Iglesia de Dios en Cincinnati, Ohio. Hermanos que recibieron al joven Seymour en su congregación, lo discipularon en la fe, y en 1900, lo ordenaron para el ministerio.

Cuando llegó a Los Ángeles, Seymour demostraba un entendimiento bien formado de la obra del Espíritu Santo. Examinaba a los peregrinos que llegaban de todo el mundo buscando el bautismo pentecostal. Tenían que dar evidencia de la verdadera salvación. Además, tenía que haber experimentado la entera santificación. Solamente a los que cumplieron con estos dos requisitos, Seymour insistía, estaban preparados para recibir el bautismo pentecostal, experiencia que él llamaba "la tercera obra de gracia."

Los Pentecostales heredaron otros conceptos del Movimiento de la Iglesia de Dios. La congregación que Seymour pastoreaba en Los Ángeles llevaba el nombre "Misión de la Fe Apostólica". Los cultos no tenían un formato fijo porque los líderes confiaban en la dirección al Espíritu Santo. Tampoco mantenía una lista de miembros, sino extendía la mano fraternal a todo seguidor de Cristo. Son tantas las enseñanzas de Daniel Warner que influenciaron a William Seymour que hoy en día el historiador de la iglesia, Vinson Synan, exhorta a la Iglesia de Dios a "reconocer su paternidad del Movimiento Pentecostal."

En el espacio de un siglo, los Pentecostales han ganado aproximadamente 150 millones de adeptos. Sin lugar a duda, es la comunidad cristiana que más rápidamente ha crecido en el siglo XX. ¿Qué es lo que propulsa su movimiento? El poder del Espíritu Santo, por supuesto. Pero hay algo más.

Se trata de una movilización entera de los miembros del Cuerpo de Cristo. El misionero italiano Franco Santonocito hizo referencia a eso en el Foro Internacional celebrado en Wiesbaden, Alemania en 1991. "Yo no estimo que los Pentecostales crecen porque hablan en lenguas," opinó el hermano Franco, "más porque ellos forman a todo miembro de la iglesia en un evangelista apasionado." Se parece mucho el "sacerdocio universal de todo creyente" que operaba en la iglesia primitiva. Es la misma verdad de sacerdocio universal que

Un Poco de Historia

predicaban y practicaban los pioneros del Movimiento Reformador de la Iglesia de Dios.

Desde su iniciación en América Latina en 1892 con la llegada del primer misionero norteamericano Benjamin F. Elliot, la Iglesia de Dios se ha extendido desde México a Chile, estableciéndose en 20 países de habla hispana. El libro que tiene en sus manos, estimado lector, narra su crecimiento, país por país, dando un retrato más o menos completo de cómo anda en la actualidad. Es nuestro deseo que se amplíe su entendimiento del movimiento latino de la Iglesia de Dios, para poder formar una opinión sobre la pregunta anterior, y otra más: ¿Cómo puede tener mayor impacto la Iglesia de Dios en nuestra generación?

Benjamin F. Elliot

Deseamos que estos relatos también respondan a la pregunta planteada al principio de este capítulo, ¿Para qué existe la Iglesia de Dios? Finalmente, es nuestro sincero deseo que este libro contribuya de alguna manera para ayudarle resolver la otra pregunta aún más importante desde el punto de vista personal: ¿Por qué me llamó Dios a ser parte de esta iglesia?

- David Miller, Cochabamba, Bolivia. Mayo de 2019

Conozca La Iglesia de Dios en América Latina

Argentina

Fundación: 1927

Congregaciones: 27

Membresía: 2.700

Argentina

EL MOVIMIENTO REFORMADOR DE LA IGLESIA DE DIOS EN LA ARGENTINA SE inicia en el año 1927, específicamente en lo que se conocía como "Picada Sueca," a seis kilómetros de la ciudad de Leandro N. Alem, Provincia de Misiones. Actualmente Alem es la Sede Central de la Iglesia de Dios en Argentina.

En el año 1924 llegaron, procedentes de Europa, el hermano Gottlieb Radke junto a su familia para radicar en estas tierras, instalándose precisamente en Picada Sueca. Trajeron el deseo ferviente de servir al Señor, así es que con el correr del tiempo comenzaron a realizar cultos en casas de familia para adorar a Dios. En el año 1927, y después de conocer la verdad sobre la ordenanza del bautismo, se volvieron obedientemente a estos pasos.

Los primeros creyentes de la Iglesia de Dios en Argentina incluían Heinrich y Albina Heisler, Gottlieb Radke y su esposa, y la Hermana Fridrich. Esto sucedió precisamente en el mes de mayo de 1927. En el transcurso de este mismo año, llegaron desde Europa los hermanos Gustav Schroeder y familia, trayendo consigo el Himnario de la Iglesia de Dios de Alemania, *Evangeliums Klange* (Armonías Evangélicas).

Finalizando ese año en que además el grupo de hermanos que se congregaban había aumentado, arribaron a la zona de L. N. Alem, Gustav y Miranda Freitag. Ellos trajeron la Revista *Evangeliums Posaune* (*La Trompeta Evangélica*) que editaba en Alemania. El grupo de hermanos que se reunía periódicamente en casa de la familia Radke encontró que en esa revista se enseñaba toda la verdad bíblica, reconociéndola así como un instrumento vital para el desarrollo de sus vidas espirituales. Por medio de la revista se inició un contacto, por intermedio de correspondencias, entre la iglesia argentina y la Iglesia de Dios en Alemania.

Fue éste el medio que los hermanos de Alemania usaron para enviar al hermano Radke la dirección del hermano Adolfo Weidmann, quien se hallaba trabajando en el Brasil desde 1923. Los hermanos establecieron contacto e invitaron al hermano Weidmann a que viniera a visitarlos. Dicha visita se hizo realidad en el año 1936 en compañía del hermano Julius Draeger.

Luego de su regreso al Brasil, se prepararía para retornar a la Argentina a fin de establecerse definitivamente por los próximos

Conozca La Iglesia de Dios en América Latina

años y dedicarse al servicio pastoral de la Iglesia de Dios en este país. El día 8 de Abril de 1937, el hermano Adolf Weidmann, su esposa y su hija Ana, llegaron a la casa Radke, precisamente en el momento en que los hermanos se aprestaban para celebrar su primera convención de la Iglesia de Dios en Argentina. Este año fue histórico ya que en otros puntos del país se comenzaron a hacer cultos en casas de familias que habían arribado de Europa con la doctrina de la Iglesia de Dios. Algunas eran procedentes de Polonia, otras de Alemania, pero el lenguaje alemán fue común a todos.

En la zona de la actual ciudad de Oberá, antes conocida como Yerbal Viejo, comenzaron a reunirse un grupo de hermanos en la casa de la familia de Godfried Domrose. Estos recibieron la visita de los hermanos Weidmann al año siguiente con el fin de realizar reuniones. A partir del año 1938, el hermano Reinhold Pohl y su familia llegaron para radicar, quienes luego se convertirían en líderes de la Iglesia de Dios en este lugar.

En la Provincia del Chaco, también en los año 1937 a 1938, comenzaron a congregarse un grupo de familias en la zona de Villa Ángela, bajo la dirección del hermano Rudolf Brauch. Al conocer de la obra de la Iglesia de Dios en la Provincia de Misiones, invitaron a que algunos hermanos los visitaran. Los hermanos Weidmann y Radke lo hicieron en el año 1938 por primera vez, celebrando una serie de cultos muy bendecidos. Actualmente en esta provincia hay dos congregaciones formadas, además de un punto de predicación y una obra misionera en la ciudad de Saenz Peña. Otros lugares donde está activa la iglesia son Coronel Du Graty, Villa Ángela y Colonia Juan José Paso.

En el año 1935, se hicieron cultos en la ciudad de Crespo, Provincia de Entre Ríos, en la casa del Hermano Günther, quien había arribado de Rusia el 22 de Marzo de 1923. De pronto los hermanos Weidmann y Radke los visitaron, provenientes de la provincia de Misiones, estableciéndose así en el período de dos a tres años varias congregaciones en tres provincias de la república.

Al año siguiente de 1939, se agrega a los esfuerzos de los pioneros Weidmann y Radke el hermano Carlos Lanz, quien radicó en la provincia de Misiones. Fue un incansable colaborador y compañero del hermano Weidmann en los viajes misioneros.

Argentina

En el año 1940, comenzaron a realizarse los primeros cultos en la ciudad que hoy es Montecarlo, Misiones, en la casa de los hermanos Schenach. Aquí es precisamente donde interviene el hermano Josef Krebs, quien vino a radicar en la Argentina en el año 1941. Al arribar al país, se instala por unos cuantos meses en este lugar, sirviendo como pastor de ésta nueva congregación. Se formó más adelante el equipo de pioneros que merecen ser recordados por su entrega y valor, y sobre todo por su dedicación a capacitar la iglesia en los primeros pasos.

La misión expande
Otros de los hermanos a recordar en estos primeros años de la obra en la Argentina es David Meier. Realizó su mayor ministerio en el Brasil, sin embargo en muchas ocasiones sirvió en la obra de evangelización en la Argentina, uniendo los esfuerzos de los pioneros en este país.

A partir del año 1954, los hermanos Heisler se establecieron en la localidad de Jardín América. Se iban reuniendo otras familias del pueblo y comienza a establecerse la Iglesia de Dios. Recién a partir de los años 1960 comenzaron a reunirse todos los domingos en esta localidad a 100 Km. de L.N. Alem.

Cabe destacar un hecho muy importante para la Iglesia de Dios en la Argentina, que es el inicio del trabajo en el idioma nacional, español. Hasta aquel momento, el ministerio se desarrollaba en el idioma alemán, debido a que miembros de la iglesia por ese entonces y muchos años más atrás aún eran de procedencia Europea, precisamente de Alemania y otros países de habla alemán. Entre los años 1950 a 1954, comienza el ministerio en el idioma nacional por intermedio del hermano Floreal López, oriundo del Paraguay. Se hallaba radicado en L. N. A1em, donde se convirtió al Señor por intermedio de los hermanos Weidmann y Krebs. De ellos también recibió la formación espiritual y doctrinal, apoyándolo para que se introdujera en el ministerio pastoral en el idioma española.

Esta tarea no se limitaría a la ciudad de L. N Alem únicamente, sino que por el año 1957, comienza a extenderse hacia el Norte, introduciéndose en las selvas misioneras, que por entonces se estaba colonizando por gente de Brasil mayormente. En Aristóbulo del Valle,

Conozca La Iglesia de Dios en América Latina

distando a unos 60 Km. de Alem, se une al equipo pionero el hermano López como mensajero y traductor en el idioma español para las visitas a distintas iglesias en todo el país.

La obra de extensión de la Iglesia de Dios no se detendría y continuaría avanzando hacia Córdoba, precisamente Cosquín, hacia donde se trasladaron algunas familias de la Iglesia de Dios de Leandro N. A1em, iniciando con reuniones en casas de familias a partir del año 1960.

En el año 1964 se inicia reuniones en la Provincia de Buenos Aires, con una serie de cultos realizados por el hermano Robert Fitzner, misionero de Alemania. Se inauguró el templo en Villa Ballester el 24 de Noviembre de 1974. Se estableció otra obra en Berisso, lugar distando a unos 80 kilómetros de Villa Ballester.

En la Provincia de Santa Fe se inicia el trabajo por medio de una obra misionera en la ciudad de Rosario, en principio con cultos realizados en la casa de una familia lugareña por intermedio de visitas de distintos hermanos, entre ellos el hermano Gerardo Tarón. Por aquel entonces era pastor de la iglesia en Oberá, Misiones, actualmente es misionero en República Dominicana.

Por el mes de agosto de 1983, los hermanos Alfonso y Haidée Prado fueron delegados para hacerse cargo del ministerio pastoral de ese lugar. Actualmente ya se cuenta con una congregación y un templo construido en un esfuerzo mancomunado con los hermanos del Estado de Ohio, EE.UU.

Avances al presente

Entre las actividades más sobresalientes de orden educacional se destaca el Instituto Superior Daniel Warner (IDW). Anteriormente conocido como el Instituto Teológico de Posadas, el instituto comenzó a dar clases de forma continua por primera vez en el año 1977 en Leandro N. Alem. Luego se trasladó a la iglesia de Montecarlo, de acuerdo a las posibilidades que se presentaban. Un gran esfuerzo de las iglesias hizo posible que la escuela inaugure sus propias instalaciones en Posadas, capital de la provincia de Misiones, el 3 de agosto de 1986. Cesó de funcionar como tal en 1995.

En 2009 se elabora una propuesta educativa que resultó eventualmente en el renacimiento del instituto bajo la dirección de la

Argentina

hermana Mónica Gallinger de Fischer, esposa del pastor Bernardo Fischer. En aquel entonces, el matrimonio Fischer servía como pastores de la iglesia de Barrio Independencia de Posadas. Junto a la licenciada Viviana Obermann y el equipo de trabajo, la hermana Mónica introdujo varios cambios importantes en la administración del Instituto Daniel Warner, logrando en el año 2010 la acreditación académica oficial del Servicio Provincial de Enseñanza Privada de la provincia de Misiones. Dicho paso abrió la puerta para ofrecer estudios a nivel superior a alumnos no tradicionales, entre ellos universitarios y profesionales.

Muchos han sido los que han pasado por las aulas del IDW, tanto de Argentina como de países extranjeros. Bolivia, Uruguay, Brasil, República Dominicana y Paraguay cuentan con graduados del Instituto. La Iglesia de Dios en Argentina ha enviado obreros misioneros a Paraguay y República Dominica gracias a la preparación recibida en el IDW.

Actualmente el alumnado está conformado por 50 estudiantes quienes estudian bajo el lema institucional *Creer, Crecer, Servir*. La biblioteca del IDW lleva el nombre de Arturo Schultz, director antiguo quien trabajó incansablemente como profesor, pastor y escritor de la Iglesia de Dios.

A partir del año 2006 una nueva iglesia nació en la localidad de Azara, Misiones, gracias a una colaboración entre la Iglesia de L.N. Alem, el Instituto Daniel Warner y el empresario Juan Carlos Lorenzo. El pastor Félix Escobar y su señora Marilene atendían la congregación en su inicio. Al momento de la redacción, cuenta con el liderazgo de Matías Silke, graduado del IDW, y su esposa Cynthia.

Leandro N. Alem actualmente cuenta con el liderazgo pastoral de Omar Borke y su señora Mariel. La iglesia ha plantado una congregación de anexo en el Barrio Feltan y afianzó otra obra en Colonia El Chatón.

La iglesia de Jardín América, junto al IDW, fue instrumental para plantar la iglesia en San Pedro de Jujuy en 2010. Hoy en día la congregación cuenta con el liderazgo de Héctor y Carmen De Cuadra, pastores dúo-vocacionales.

Conozca La Iglesia de Dios en América Latina

En 2018, Maicol Tarón asume la tarea pastoral en Puerto Rico, Misiones, iglesia que por varios años tuvo dificultades para su continuidad, pero gracias a Dios vuelve a encaminarse.

En el momento de la redacción, Filiberto Irola Calderón, oriundo de Costa Rica, viene trabajando por 10 años junto con su familia en la ciudad de Oberá. También tienen bajo su responsabilidad la dirección del Instituto Privado Emanuel. Esta escuela cuenta con los tres niveles educativos para niños de 2 a 17 años, con aproximadamente 800 alumnos y un equipo de docentes y personal administrativo de 80 personas. El hermano Filiberto también tiene a su cargo la presidencia de la Asociación Iglesia de Dios en Argentina y Representante Legal del Instituto Emanuel.

Una lista de las demás congregaciones argentinas existentes y sus líderes pastorales muestra la expansión de la obra en el territorio nacional.

- Barrio Independencia, Posadas, Guillermo y Romina Dos Reis.
- Garupá, Posadas, Ernesto y Mabel González.
- Jardín América, Jorge y Marta Lupchinski.
- Barrio Timbocito, Jardín América, Rolando e Ires Irusta Kurrle.
- Zona Oeste, Jardín América, Pedro y Ester Cardozo.
- Montecarlo, Daniel y Cynthia Chetti.
- Eldorado, Sergio y Mariana Kondratski.
- Aristóbulo del Valle, Walter y Rebeca Silva.
- Colonia Cerro Moreno, Natanael y Mirta Domínguez.
- Dos de Mayo, Edmundo y Gerda Guzowski.
- San Vicente, Lauri Schultz y Patricia Mantay.
- Coronel Du Graty, Chaco, Milton y Cinthia Elsseser.
- Crespo, Entre Ríos, Gerardo y Silvia Stieben.
- Rosario, Santa Fe, Lidia y Eduardo Spitzer.
- Villa Ballester, Buenos Aires, Oscar y Alba Vargas.
- Berisso, Buenos Aires, Paulo y Silvia Ferreira.
- Cosquín, Córdoba, Herberto y Érica Radke.

Para mantener la unidad de la iglesia, se realizan convenciones nacionales una vez al año, generalmente en las instalaciones centrales de Leandro N. Alem, Misiones. Como también una vez al

Argentina

año se realiza la Asamblea Administrativa, en el mismo lugar pero en otra fecha.

En noviembre de 2017, la Iglesia de Dios en Argentina marcó 90 años de obra, celebrados en la LXXVII Conferencia Nacional. El pastor de los Estados Unidos y anterior misionero en Argentina Bill Konstantopoulos, muy amado por la iglesia argentina, sirvió como predicador invitado.

La visión misionera de la Iglesia de Dios en Argentina está ampliándose con la meta de abrir nuevas obras en distintos puntos del país. Se está concentrando esfuerzos en la capital de Buenos Aires. Esta meta misionera fue lanzada en al año 1987 bajo el lema, "He aquí, he puesto delante de ti una puerta abierta" (*Apocalipsis 3:8*).

Material tomado del libro Vivencias, *editado por Víctor Ruzak y Juan C. López. Actualizaciones sobre la obra de la Iglesia de Dios en Argentina aportadas por René Wilson Heisler.*

Los profesores y alumnos del Instituto de Educación Superior Daniel Warner en 2010, año que se inauguró bajo la dirección de Mónica y Bernardo Fischer.

Grupo de familias pastorales que prestan liderazgo espiritual a las iglesias en Argentina. Foto cerca 2013.

Belice

No tenemos información sobre congregaciones de la Iglesia de Dios

Conozca La Iglesia de Dios en América Latina

EN EL AÑO 1980, CHARLES SMITH Y LESLEY REID VIAJARON DE LOS ESTADOS Unidos a Belice con el propósito de iniciar una obra de la Iglesia de Dios. Sin embargo, su idea encontró muy poco apoyo en este país centroamericano. Entonces cambiaron de plan y empezaron a trabajar en Honduras, país fronterizo.

En 1985, William Oldham, ahora pastor de la Iglesia de Dios de Shreveport, Louisiana, EUA, conoció a Charles Smith y a Gary Mitkoski por medio del Project HEART (Proyecto Corazón), que funcionaba en el campo de la Universidad Warner Southern. Se enteraron del trabajo que realizaban en Honduras. En aquella reunión, se compartieron por primera vez los conceptos de la obra misionera de desarrollo en el contexto de la Iglesia de Dios.

En 1986, William Oldham y su señora Lucille acompañaron a los hermanos Smith y Mitkowski a Honduras para observar personalmente la obra misionera en desarrollo. Durante este viaje, Oldham supo de la necesidad de ayudar a Belice. Al volver a casa, el Señor obraba en su corazón para realizar la obra de la Iglesia de Dios en Belice.

Entonces, inició estudios teóricos sobre misiones. A través de estos estudios, Dios le guío a fundar *Right Hand Ministries* (Ministerios Mano Derecha). En octubre de ese año, presentó el concepto de Ministerios Mano Derecha a los líderes de la Iglesia de Dios y fue aceptado casi inmediatamente. El hermano W. L. "Dick" Tracy hizo un viaje a Alaska, EUA, en 1986 y allá aprendió algo de Belice. Le avisaron que era el único país en América Central de habla inglesa. Decidió visitar Belice en febrero de 1987.

En ese viaje, un gerente de bienes raíces le ofreció 80 hectáreas de terreno y el hermano Tracy las compró. El terreno, ubicado en Sand Hill, a 35 Kilómetros al norte de la capital, Belice City, se encuentra a orillas del Río Belice, cerca de la carretera hacia México. En junio del mismo año, mientras asistía a la Convención Internacional de la Iglesia de Dios en Anderson, Indiana, EUA, Tracy vio un aviso que invitaba a personas que tenían interés en Belice a asistir a una presentación sobre el trabajo proyectado de la Iglesia de Dios en ese país. En aquella reunión, conoció a William Oldham y la junta directiva de Ministerios Mano Derecha.

Belice

También se enteró de que el proyecto contaba con la aprobación de la Junta Misionera, aunque no se habían comprometido con ningún financiamiento para el mismo. El hermano Oldham explicó que había visitado Belice el mes anterior y había hablado con oficiales del gobierno. Le dijeron que no se disponía de ningún terreno para comprar para su misión. Al oír esto, Dick Tracy se dio cuenta que esta fue la razón por la que el Señor le había guiado a Belice a comprar las 80 hectáreas. Se sintió muy honrado de que Dios le utilizara de esta manera en su obra.

En enero de 1988, el hermano Tracy viajó a Belice con la intención de propagar una misión de desarrollo en su propiedad. Con la ayuda del pastor de la Iglesia Protestante Metodista de Sand Hill, construyó una casa de bloques de cemento e instaló un tanque de 2.000 litros para agua potable y duchas. Además, sembró árboles de mango, nueces y cítricos. Tracy se quedó en Belice 18 meses, ocupándose en trabajos de desarrollo con la colaboración de grupos de estudiantes de la Universidad de Anderson y otros individuos interesados. Logró edificar otra casa e internado y un depósito de herramientas.

Se tomó la decisión de no fundar una congregación misionera en la propiedad misma de la misión, siendo que ya estaba establecida la Iglesia Protestante Metodista a solo tres kilómetros de distancia. Ésta además contaba con una escuela. Preferían colaborar con los metodistas protestantes a fundar nuevas iglesia donde actualmente no existían. Mientras tanto, pensaban que la misión en Sand Hill sería ideal para uso como centro de retiros o campamento de jóvenes.

En junio de 1989, Kevin Koch, egresado del Proyecto HEART de la Universidad de Warner Southern, fue comisionado como misionero de la Iglesia de Dios. Al siguiente mes se trasladó a Sand Hill para encargarse de la obra misionera allí. El hermano Koch, de 25 años de edad, fue obrero capacitado para este trabajo. Mientras tanto, la Junta Misionera de la Iglesia de Dios se convirtió en propietario titular de las 80 hectáreas en Sand Hill.

En junio de 1990, Dick Tracy visitó la Iglesia de Dios de Shreveport y dio su testimonio sobre su parte en el desarrollo de la obra en Belice. Hizo referencia a la instancia bíblica en que Jesús mandó a sus discípulos a traer a un pollino para su entrada a Jerusalén. Cristo les

Conozca La Iglesia de Dios en América Latina

instruye, "Si alguien os dijere: "Por qué hacéis eso? decid que el Señor lo necesita."

"Para mí, fue una experiencia grata, como lo fue para el dueño de ese pollino, saber que el Señor podría utilizar una pertenencia mía para realizar Su obra", testificó el hermano Tracy. "Me siento humildemente agradecido al Señor que me permitiera colaborar en esta obra misionera."

San Ignacio

En Junio de 1989, el Dr. Alfonso Ayala y su señora Elizabeth fueron comisionados en Anderson, Indiana, EUA, como misioneros en Belice. A fines de ese año, se trasladaron a San Ignacio, pueblo fronterizo con Guatemala, para iniciar servicios en una clínica médica, auspiciada por el gobierno.

"Nuestra contribución es dar consejo técnico, alentar, promocionar sus iniciativas e instruirlos en el área del cuidado de la salud básica y el desarrollo comunal," dijo el Dr. Ayala de su trabajo. "Todos estos puntos son una parte importante de 'o nuestro testimonio del amor de Jesucristo".

"Diecinueve villas han sido visitadas y hemos estado en reunión con muchas de ellas. Esto es parte del período de diagnóstico de nuestro contacto con las comunidades."

Los jóvenes de la iglesia se reunían semanalmente en la casa de los Ayala, dándoles así la oportunidad de compartir el evangelio. Siguientes equipos de trabajo completaron la construcción de un edificio proyectado como un hogar para huérfanos en Davis Bank, cerca de la ciudad de Belice.

Por varios años, la hermana Elizabeth de Ayala aprovecharía de su vocación como maestra de colegio para impactar las vidas de centenares de sus alumnos. Se jubiló del puesto en 2014. El Dr. Alfonso, después de varios años de colaborar a oficiales del gobierno beliceño como consultor en el área de salud pública, se dedica a la misma disciplina en forma particular. La pareja dedica gran parte de su tiempo al ministerio de la Palabra en iglesias locales, conferencias y retiros.

Belice

"Estamos agradecidos al Señor por su gran bendición y cuidado, para nuestra familia y nuestro ministerio durante nuestros años en Belice", declaran los Ayala.

Material editado por David Miller.

Miembros de la familia Ayala cerca 2014. (izq. a der.) Elizabeth, Alfonso, Elizabeth hija, y Érica (nieta). No presente, Alfonso, hijo.

Conozca La Iglesia de Dios en América Latina

Bolivia

Fundación: 1963

Congregaciones: 238

Membresía: 15.000

Bolivia

En los años 1940, una monja llegó a la terminal de Buses en Sucre, Bolivia con un montón de valijas. Nadie la esperaba, entonces le rogó a un hombre que estaba de paso ayudarla. El caballero, cuyo nombre era Cirilo López, alegremente la colaboró. La agradecida monja lo recompensó por su gentileza, obsequiando a Cirilo una enorme Biblia. Empezó a leer el contenido y poco a poco, Cirilo se daba cuenta de que la religión con la que se había criado y la de la Biblia no concordaban mucho.

En 1944, un grupo de pentecostales chilenos intentaron fundar una iglesia en la ciudad de Oruro. Cirilo López, quien se había trasladado a Oruro por motivos de trabajo, asistió a la reunión dominical. Descubrió que las predicaciones de estos cultos correspondían muy fielmente a la lectura de la Biblia. Dentro de poco tiempo, Cirilo se convirtió a la fe cristiana evangélica.

En 1948, Luciano Condori, cristiano evangélico de La Paz, conoció a un joven misionero de nombre Homer Firestone, quien recientemente había llegado de los Estados Unidos. Concordaron trabajar como evangelistas itinerantes, dedicándose a predicar al aire libre en las calles de la capital y las aldeas del Altiplano.

Con estos sucesos, Dios estaba preparando el terreno para sembrar la obra que hoy en día es la Iglesia de Dios en Bolivia.

Pasaron varios años cuando Valentina Vallejos de Corque, residente de Lequepalca, aldea cercana a Oruro, se enfermó con cirrosis del hígado. Su único hijo Florencio la llevó a Oruro a consultar a un médico, quien pronosticó que ella tenía menos de un año de vida. Ángel Colque, hijastro de Valentina, trabajaba con Cirilo López en una misma empresa de Oruro. Éste tenía reputación de curandero, entonces Ángel pidió a Cirilo ir a Lequepalca un domingo para atender a Valentina.

Después de darle una inyección de vitaminas, López sacó su enorme Biblia-la misma que la monja le había regalado en Sucre-y la abrió en el libro de II Reyes, capítulo 20. Leyó del rey Ezequías, quien cayó enfermo y clamó con gran llanto a Jehová. Dios le respondió añadiendo 15 años a su vida.

Cirilo dijo a Valentina, "Esta semana el Señor me prometió que si tú, Valentina, oras al Señor, te sanará y añadirá 15 años a tus días."

Conozca La Iglesia de Dios en América Latina

Convencidos por el mensaje de Cirilo, la familia Colque se convirtió a Jesús. Luego Valentina se recuperó de la cirrosis como pronosticó Cirilo. Pero no vivió 15 años más después de su sanidad. Vivió 20 años más.

Con la noticia de la sanidad de Valentina de Colque, varias personas en Lequepalca acudieron a los cultos de alabanza presididos por Cirilo López. Entre los primeros en convertirse estuvieron Froilán Colque, Eduardo Flores y Antolín Vallejos. Estos hombres llegarían a ser líderes en la iglesia de Lequepalca, la cual sería el centro de crecimiento de este movimiento evangélico.

Mientras esto sucedía, Cirilo López hizo amistad con Alberto Conde, miembro de una iglesia en Oruro. Decidieron formar una nueva congregación por su descontento con algunas tradiciones eclesiales. Por ejemplo, no estaban de acuerdo con que un pastor cobrara sueldo de la iglesia. Además consideraban que fue contraproducente que los misioneros extranjeros administraran las denominaciones u organizaciones bolivianas. Bajo estos principios, empezaron a celebrar cultos en la tienda comercial de Alberto Conde.

Un domingo, Luciano Condori, primo hermano de Alberto, les presentó a Homer Firestone, que recientemente había recibido su doctorado en antropología. El Dr. Firestone y su señora, Elvira Englund, venían trabajando 17 años en Bolivia con una misión norteamericana, pero hacía poco habían renunciado a ella.

Cirilo explicó al Dr. Firestone sus motivos por haber formado la nueva iglesia y fue evidente que los dos tenían muchas ideas en común. En cuanto a la administración de la iglesia, Homer afirmó, "No vine a Bolivia para manejar a los bolivianos. Les colaboro en capacitar a los predicadores, pero no aceptaré ninguna posición administrativa.

"Estoy de acuerdo con que ustedes no acepten sueldos," continuó. "Mi señora y su siervo nos mantenemos en la obra del Señor con trabajo secular."

Esa reunión en Oruro a fines de 1963 dio paso inicial a la obra que hoy es la Iglesia de Dios.

Elvira Firestone conocía la medicina quiropráctica y decidió abrir un consultorio en su casa. Dentro de poco, fue necesario expandir la

Bolivia

empresa, entonces la pareja compró un terreno en la ciudad de Cochabamba y construyó un edificio que serviría de clínica quiropráctica, capilla y vivienda. En la Pascua de 1965, los Firestone inauguraron el nuevo edificio, bautizándolo "Clínica El Libertador."

Mientras tanto, Homer realizaba su carrera en Antropología Lingüística. En 1963, Eugenio Nida, el entonces presidente de las Sociedades Bíblicas Unidas, le ofreció una posición en Nueva York, EEUU, sede mundial de las SBU. Quería que Homer sea el supervisor de los proyectos de traducción bíblica de las Sociedades Bíblicas. Homer no aceptó la oferta, sin embargo, explicando que Dios le había llamado a trabajar en Bolivia y no había terminado aún su trabajo.

El Dr. Firestone empleaba su título de antropología para conseguir contratos eventuales como catedrático universitario en los Estados Unidos, invirtiendo los ingresos en su ministerio en Bolivia. Adiestraba a los obreros de la iglesia en Oruro en los fundamentos bíblicos, más que todo en la teología de santidad y la gobernación neo testamentaria, aconsejándoles enfocar sus esfuerzos para evangelizar a los campos altiplánicos en vez de plantar más congregaciones urbanas.

Un obstáculo formidable para la iglesia naciente fue la falta de preparación académica de sus líderes. Por ende, abundaban los que criticaban sus esfuerzos evangelísticos. La mayoría de estos oponentes eran miembros de otras iglesias evangélicas.

"¿Quiénes son ustedes para predicar de la Biblia?" acusaban. "Ninguno de ustedes ha estudiado en el seminario o instituto bíblico."

"Es cierto," admitían los obreros, "pero aprendemos de nuestro misionero, el Dr. Homer Firestone. Él es un catedrático en la universidad."

Con esta respuesta, los críticos se callaban.

Cirilo López había pasado tanto tiempo leyendo su Biblia que podía recitar de memoria pasajes enteros de ella.

"Venían pastores de otras iglesias, hombres preparados en seminarios teológicos, para discutir con Cirilo," recordó Froilán Colque. "Pero él podía responder a todos su argumentos."

Conozca La Iglesia de Dios en América Latina

"Trataban de contradecirle en un punto de la doctrina y él respondía, 'Pero ¿qué dice el texto de tal capítulo y tal versículo?' Al final, sus críticos no podían responder. Los hacía papilla." En una ocasión los creyentes pidieron a Cirilo dictar clases estilo instituto bíblico. "¿Quieren hacer un instituto bíblico?" respondió. "Bien, entonces vamos a pasar clases, en los cerros y lugares desiertos, en la madrugada del domingo, mientras ayunamos y oramos."

Debido a la continua actividad de obreros itinerantes, la iglesia se extendía en los campos del Altiplano y los valles de los Andes. Cirilo decidió que necesitaban un camión para visitar las obras. Ángel Colque se animó a comprar un Toyota de segunda mano y Florencia Colque hizo de chofer. Las "juntas" o "fiestas espirituales" se hacían muy populares entre los nuevos creyentes campesinos. La primera reunión de esta clase que condujeron Cirilo y Homer fue en Pasto Grande y atrajo a 200 personas. El éxito inspiro a los Colque auspiciar una junta similar en Lequepalca. Los hombres jóvenes construyeron una capilla en los terrenos comunes de la familia para acomodar a los invitados. El edificio de adobe se inauguró para la Pascua de 1966. Sin embargo, la nueva capilla resultó totalmente inadecuada porque 500 personas aparecieron en Lequepalca para la primera junta.

Los Colque inmediatamente construyeron otro edificio más grande que podría, a duras penas, acomodar a 500 personas. Fue así que pudieran acomodar a todos los que asistieron a la junta el año siguiente. Así es que se bautizaron aproximadamente 300 nuevos convertidos al finalizar esa segunda reunión. Ya para la Pascua de 1968, ni el tabernáculo grande fue suficiente para acomodar la congregación. No quedaba otra alternativa sino celebrar la junta al aire libre. El tabernáculo entonces se convirtió en dormitorio para mujeres y niños.

La obra se extendía a los departamentos de Cochabamba, La Paz y Potosí. En 1965, Homer Firestone y Cirilo López viajaron a Santa Cruz y de paso, predicaron al aire libre en la feria de Llutupampa. Se convirtió Marcial Laime, residente de la zona, y les invitó a inaugurar una congregación en su casa en Cota Cotal.

En la provincia de Ayopaya, se convirtieron el transportista Emilio Pérez, su señora Amalia y su chofer Marcos Arce. Poco después,

Bolivia

fueron bautizados por Cirilo en Lequepalca e iniciaron cultos de alabanza en el centro minero de Kami. La congregación crecía tanto que invitó a Eduardo Flores trasladarse de Lequepalca a Kami para trabajar como misionero. A pesar de una intensa persecución que los creyentes sufrían, lograron sembrar nuevas congregaciones en los cantones alrededor de Kami. La provincia de Ayopaya de pronto se convirtió en el tercer distrito más grande de la asociación nacional.

Con el crecimiento de la obra, Homer Firestone venía meditando sobre el destino de la iglesia cuando la primera generación pasaría a la Gloria. En el año 1970, los Firestone recibieron una visita de Mauricio Caldwell y Donald Johnson de la Junta Misionera de la Iglesia de Dios en Norteamérica. Estaban interesados en adquirir la Clínica El Libertador para base misionera en Bolivia.

Durante el transcurso de la conversación, Homer y Elvira mencionaron su trabajo entre los pueblos andinos. Caldwell y Johnson hicieron preguntas acerca de sus creencias y prácticas. Al enterarse de las muchas similitudes entre este movimiento en Bolivia y el Movimiento de la Iglesia de Dios, los visitantes cambiaron de idea. En vez de ofrecer comprar la Clínica el Libertador para iniciar otra obra en el país andino, Caldwell y Johnson extendieron una invitación a la iglesia boliviana afiliarse al Movimiento de la Iglesia de Dios.

Los Firestone descubrieron que, de verdad, la Iglesia de Dios tenía muchos puntos doctrinales en común con las nuevas congregaciones evangélicas en Bolivia. Por ejemplo, creían y predicaban el concepto de la santidad cristiana. Ambas organizaciones se regían por el gobierno apostólico del Nuevo Testamento. Los Firestone estuvieron complacidos al descubrir que la Iglesia de Dios consideraba el lavamiento de pies como una ordenanza de Jesús. Desde el principio, la iglesia en Bolivia había regularmente celebrado el lavamiento de pies junto a la Santa Cena.

Así empezaron los trámites que llevaron a la Asociación de Congregaciones Evangélicas de Bolivia a afiliarse al Movimiento de la Iglesia de Dios. Fue un momento oportuno. No mucho después que había aprobado los planes de la afiliación, Cirilo López murió de cáncer. Fue un verdadero golpe para la iglesia. Inclusive, surgió una

Conozca La Iglesia de Dios en América Latina

división en la membresía en cuanto a la afiliación con la Iglesia de Dios, y los que no estaban a favor de la unión se retiraron de la obra.

Por otro lado, Florencio Colque hablaba por la mayoría de los creyentes cuando declaró en la convención nacional de 1974 estar a favor de la afiliación.

"Los verdaderos hombres de Dios existen en todos los países" dijo. "Somos ricos al ser parte de esta confraternidad. Nuestra fe no tiene límites. Nuestra fe no tiene fronteras."

En 1976, los creyentes bolivianos formalizaron su afiliación con la Iglesia de Dios, registrando su nueva personería jurídica. Cambiaron su nombre legal a la "Asociación de la Iglesia de Dios Reformada." Mario Quispe, pastor de la Iglesia de Dios en El Alto de La Paz y director de uno de los colegios cristianos más reconocidos de esa ciudad, fue el protagonista importante en este proceso jurídico.

Al fallecer el hermano Mario a mediados de los años 1980, su hijo mayor, Víctor Hugo, asumió la administración del colegio de su padre, tanto como sus responsabilidades pastorales. Luego, Víctor Quispe sirvió varias gestiones como presidente de la Asociación de Iglesias de Dios Reformada (nombre oficial de la obra nacional boliviana), y como Tesorero de la Confraternidad Interamericana de la Iglesia de Dios (CIID). En el momento de la redacción, cumple un tercer periodo como Presidente de la CIID.

En 1981, la Junta Misionera de Norte América comisionó a David y Barbara Miller como misioneros en Bolivia para reemplazar a los Firestone, quienes se jubilaron al año siguiente. Al retirarse los Miller en 2002, Paul Jones y su señora Katia Fuentes, de Costa Rica, aceptaron la invitación unánime de la asamblea nacional para trabajar de misioneros en el país andino.

La iglesia sigue extendiéndose mientras mantiene los principios bíblicos de la generación pionera. Predica la santidad, exhortando a sus miembros vivir en el poder y la pureza del Espíritu Santo. Los profetas, evangelistas, apóstoles y pastores siguen siendo obreros dúo-vocacionales, trabajando en profesiones seculares para mantener sus familias mientras sirven voluntariamente a la iglesia. Cada congregación local es autónoma, nombrando anualmente sus propios diáconos y diaconizas para administrar el trabajo de la iglesia con recursos propios.

Bolivia

También sigue vigente la visión prístina de los pioneros de plantar iglesias en cada uno de los nueve departamentos del territorio nacional de Bolivia. En el momento de la redacción, falta establecer una congregación organizada en solo uno de estos, en Pando.

Actualmente, la Asociación de Iglesias de Dios Reformada en Bolivia cuenta con 238 congregaciones formalmente constituidas, con decenas de "avanzadas" adicionales. Aproximadamente 15.000 creyentes bautizados pertenecen al movimiento nacional.

Redactado por David Miller, con informes de líderes nacionales y extractos del libro Canto de Viracocha.

Conozca La Iglesia de Dios en América Latina

La **Junta Nacional de Bolivia**, celebrada en la Semana Santa en Chacarillas, es la conferencia anual más grande de la Iglesia de Dios a nivel mundial.

Cirilo López

Dr. Homer y Elvira Firestone

Florencio y Julio Colque y nieta

Víctor y Estela Quispe

Brasil

Brasil

Fundación: 1923

Congregaciones: 93

Membresía: 9.440

Conozca La Iglesia de Dios en América Latina

POR GRAN parte de su historia, Brasil fue esencialmente católico. En 1910 llegó el primer matrimonio de misioneros evangélicos. Los primeros 10 años de ministerio fueron muy lentos en el desarrollo de la obra, sin embargo, los mayores impulsos sucedieron después del año 1920. En este tiempo hubo gran grande de las iglesias evangélicas en el cual el Movimiento Reformador de la Iglesia de Dios estuvo incluido.

La Obra en el Brasil tiene su origen con los inmigrantes europeos, específicamente de Alemania, quienes buscando un futuro seguro debido a las crisis políticas y económicas se lanzaron hacia América, y junto a ellos vino la fe cristiana y el amor a Dios que conocieron en su tierra natal.

El día 3 de diciembre de 1922 llegaron al puerto de Río de Janeiro, donde permanecieron algunos días para luego introducirse en territorio brasileño. Después de varios días de viaje se establecieron en lo que hoy es "Nueva Esperanza" para celebrar la fiesta de la Navidad de aquel año entre una mezcla de sentimientos de alegría, tristeza y expectativas.

Se establecieron luego en la zona, compraron tierras y edificaron sus viviendas. De ésta forma mantenían la unidad del grupo, realizando cultos en sus hogares. En la Pascua de 1923, se realizó el primer culto público de la Iglesia de Dios en el Brasil, que fue ministrado por el pastor y Pionero Adolfo Weidmann.

En este culto enfatizó dos puntos básicos. En primer lugar estaba una gran esperanza para el ser humano, por la resurrección de Jesucristo de los muertos (*1 Pedro 1:3*). El segundo se basaba en Romanos 1:16, "No me avergüenzo del evangelio..." De ésta manera desafiaba a los hermanos para las misiones.

EL 14 de diciembre de 1924, fue inaugurado el primer templo de la Iglesia de Dios en el Brasil, en Nueva Esperanza, Santa Catarina. Después de realizar algunos contactos con el hermano Edward Wegner, de Ríos Das Antas, el hermano Adolfo Weidmann inicia su primer viaje misionero hacia aquel lugar el día 20 de junio de 1929. Al arribar a la colonia, realizó una reunión entre los hermanos Wegner y Julio Draeger, que más tarde se transformó en el compañero de los viajes misioneros del hermano Weidmann. El día

Brasil

11 de Marzo del mismo año se realizó el primer bautismo en Río Das Antas, con 11 bautizados.

En el año 1936 llegaron al Brasil los hermanos Salomón y Heinrich Weissdurger provenientes de Alemania, estableciendo su residencia en Nova Esperanza, Santa Catarina. Iniciaron su ministerio por medio de la tipografía, dedicándose al trabajo impreso de folletos, dentro de los cuales es de destacar la *Missionsbote* (El Mensajero de las Misiones) y la revista *El Buen Pastor*. Desde allí el trabajo de la iglesia avanzó hacia otras zonas de influencia.

El primer gran encuentro de los hermanos de la Iglesia de Dios de Brasil se realizó en Pentecostés del año 1929 en Nova Esperanza, con los hermanos de la Región. En el año 1936 se realizó la primera convención de la Región Sur del Brasil en Río Grande del Sur, contando con hermanos de la Argentina. Habían reunidos durante la convención, en esa ocasión, a unas 400 personas. A partir de allí se realizaron convenciones en distintos puntos del país.

La obra de la Iglesia de Dios experimentó avances importantes entre los cuales podemos considerar los siguientes.

- **Río Grande del Sur.** En su segundo viaje misionero, el hermano Adolfo Weidmann viajó a Río Das Antas el 16 de Julio de 1929, uniéndose con el hermano Draeger para continuar viaje hacia Guarany. Establecieron contacto con el hermano Marcus del lugar, realizando cultos, bautismos, Santa Cena y el lavamiento de pies. Luego de experimentar múltiples bendiciones continuaron viaje.
- **San Paulo.** El tercer viaje misionero del hermano Weidmann, tenía el objetivo de llegar a San Paulo, especialmente a la colonia alemana radicada allí. Invitado por el hermano Bosert, realizó su objetivo con varios cultos de evangelización que produjeron resultados muy bendecidos.

- **Paraná, Curitiba.** Entre los años 1941 a 1948, inmigrantes de Nova Esperanza se establecieron en la capital Paraense. En 1947, precisamente en noviembre de ese año, se realizó el primer culto en la residencia de los hermanos Chirstian Koenig en el Barrio de Villa América. En 1954 los cultos comenzaron a realizarse en Villa Fanny y en el año 1964, la Iglesia de Villa Fanny pasó a ser la Sede Central de

Conozca La Iglesia de Dios en América Latina

la Iglesia de Dios en el Brasil. Desde ese lugar la Iglesia siguió extendiéndose hacia la zona de Boqueirao, Guarituba, Uberaba, Campo Comprido y Vila Lindoia.

El día 5 de marzo de 1972, se inauguraron las dependencias del entonces Instituto Bíblico Boa Terra, hoy Instituto Teológico Boa Terra, en Pinhais, región metropolitana de Curitiba. Este Instituto había funcionado provisoriamente en Río Das Antas y Joinville bajo la dirección de los hermanos Weissburger. Luego operó en San Paulo y Rondón bajo la dirección de los hermanos Meierm y luego en Vila Fanny bajo la dirección del Pastor Malzón. A partir de 1972, estuvo a cargo de los hermanos Nelson Junges y Mauricio y Dondeena Caldwell.

- **Norte y Oeste de Paraná**. En el año 1953 llegaron a Marechal C. Rondón, los hermanos David Meier y su señora Lilian, que ya estaban activos en la obra en Brasil desde 1935 apoyados por la Junta Misionera Americana de habla alemana. Ellos se hallaban trabajando anteriormente en Nova Esperanza, Río Grande del Sur, y San Paulo. En el transcurso del año 1954 los Meier realizaron los primeros programas de radio en Rondón, que más tarde recibieron el nombre de "La Hora de Hermandad Cristiana." Además realizaron la publicación de la revista *Gospel Trumpet* (La Trompeta) en el idioma portugués. Actualmente la iglesia de Rondón se destaca por el ministerio radial y la publicación de la revista *Ecos de Liberdade*. La iglesia en este lugar está avanzando hacia la zona de influencia.

- **Región Norte de Brasil, Itaituba**. En el año 1974, por la voluntad divina y decisión de la Asamblea General, las fronteras del evangelio se fueron extendiendo e internándose en el corazón del Amazonas, específicamente en Itaituba y Transamazónica. La obra de la Iglesia de Dios fue abierta por el misionero americano William Nottinger y su señora Betty, quienes arribaron al Brasil en el año 1970. Con ayuda de la Junta Misionera americana, fue construido el primer templo de la ciudad en las márgenes del Río Tapajoz. El Instituto Teológico Boa Terra realizó una de las primeras grandes campañas evangelísticas en la región. Aprovechando el establecimiento del instituto, se construyó la primera iglesia en Transamazónica Km. 30. De Itaituba la

Brasil

Iglesia de Dios se extendió hacia Santarem, Aveiro, Belén y otras regiones ribereñas.

- **Región Noreste, Natal.** Los misioneros americanos Tomás y Jean McCracken mantuvieron contacto con algunos hermanos en esta capital ya en el año 1981. Por medio del presbítero Manuel Da Silva se estableció la obra en esta ciudad. En el año 1987, el pastor Paulo Medeiros junto a su familia asumió la responsabilidad del trabajo pastoral de la Región.

- **Región Centro-Oeste, Paranaita.** Entre 1974 y 1975, emigrantes del oeste de Paraná se establecieron en esta ciudad, edificando luego un templo y conformando una congregación de la Iglesia de Dios en la zona. Es liderada por una hermana diaconiza.

- **Río Verde.** Emigrantes del Río Grande del Sur y Paraná radicaron en éstas tierras, iniciando con cultos. Uniendo los esfuerzos edificaron el primer templo en la ciudad de Río Verde en el año 1988.

La obra de la Iglesia de Dios en Brasil se destaca por sus diversas actividades en distintas áreas. Crea orfanatorios con el apoyo de misiones extranjeras. Presta distintos tipos de ayudas sociales, y dirige ministerios radiales y evangelísticas. Como se ve, ha fundado nuevas congregaciones en distintos puntos del país.

Merece destacar a quienes fueron los pioneros de la obra en Brasil, entre ellos fundamentalmente Adolfo Weidmann. Hemos mencionado su activa y fundamental participación en echar los cimientos de la Iglesia de Dios en Brasil. No solamente en Brasil, sino también en Argentina, ya que en el año 1937 viajó allá para ayudar en el ministerio pastoral en este país. Su participación ha sido muy importante en los primeros pasos de la obra de la Iglesia de Dios en América del Sur.

David Meier llegó como misionero al Brasil el 26 de noviembre de 1935 desde los Estados Unidos. Realizaba su ministerio de forma muy activa junto a su familia. Debido a la Segunda Guerra Mundial, fue obligado a dejar el Brasil. Regresó el 16 de julio de 1948 para asumir el ministerio pastoral en San Paulo, trasladándose a Rondón el año

Conozca La Iglesia de Dios en América Latina

1953. Allí fue maravillosamente usado por el Señor en la extensión de la obra de la Iglesia de Dios.

Otros nombres pudieran mencionarse, de hombres y mujeres consagrados al Señor que han dedicado sus vidas al ministerio de la predicación y enseñanza de la Palabra de Dios. Ellos hacían posible el crecimiento y avance del Movimiento Reformador de la Iglesia de Dios en Brasil. Vale recordar uno de los puntos del primer mensaje predicado por al hermano Adolfo Weidmann, basado en Romanos 1:16 "Porque no me avergüenzo del evangelio, porque es poder de Dios para la Salvación a todo aquel que cree."

Adelantos en los últimos años

"Alabamos a Dios que ha bendecido la iglesia de Dios en Brasil, y deseamos que siga hacia adelante, más allá de la etnia germánica, llegando verdaderamente a la cultura brasileña," expresa Ronaldo Wengrat, líder nacional con experiencia misionera.

"Estamos muy agradecidos a Dios por los pioneros alemanes que introdujeran la Iglesia de Dios en Brasil. Ellos en su idioma natal hicieran lo mejor que pudieron, evangelizando, celebrando, estableciendo la iglesia," añade.

Sin embargo, los pioneros concentraban sus actividades en el interior del país, muchas veces en lugares rurales donde hasta hoy no existen ciudades o pueblos importantes. El principal y más importante adelanto en las últimas décadas es que la iglesia logra ir más allá de su cultura original para ser una iglesia típicamente nacional. Esto se dio de forma acentuada en las regiones Norte y Nordeste, un avance comprobado por las estadísticas de crecimiento.

Otro adelanto importante tiene que ver con los pastores, que tomaran la libertad de hacer ellos mismos programas radiales y radiofónicos en sus ciudades. Antes había un solo programa radial oficial, "Hora de la Hermandad Cristiana," que se transmitía en distintas emisoras para todas las iglesias de Dios en Brasil.

Otro adelanto importante sucedió recientemente en relación a la formación de líderes y pastores. Era inviable mantener un solo local de enseñanza para formar los líderes para un país continental y multicultural. Por tanto, el Instituto Teológico Boa Terra de Curitiba, en el Sur de Brasil, ha establecido el modelo de núcleos de

Brasil

enseñanza, que funciona en las iglesias locales en todo el país. Esto permite preparar líderes para cada región en sus propias iglesias locales. Con este esfuerzo, se prepara mucho más gente y se forman mucho más líderes.

Otro factor que llevó muchas iglesias a un mayor crecimiento es la visión da la iglesia en células. Esto sucede con algunas iglesias en el Sur y Sudeste. El crecimiento por célula es más acentuado en el Nordeste, y aún más acentuado en la región Norte de la Amazonia.

Otro adelanto importante ocurrió con la entidad *Obras Sociais e Educacionais da Igreja de Deus no Brasil.* "A Mão Cooperadora," que surgió en la región de Curitiba, se extendió a la región Sudeste en São Paulo y al Norte en el Pará.

En el año 2016, la iglesia de Dios en Brasil contaba con las siguientes cifras en sus cinco regiones:

Región Norte. Hay 20 iglesias establecidas sumando 2.748 personas en los cultos, y más de 3376 personas reunidas en las células.

Región Nordeste. Hay 13 iglesias, sumando 1.241 personas en los cultos.

Región Centro Oeste. Hay seis iglesias, sumando 310 personas en los cultos

Región Sudeste. Hay seis iglesias, sumando más de 750 personas en los cultos.

Región Sur. Hay 32 iglesias, sumando más de 3.100 personas en los cultos.

Total. Hay 77 iglesias y más de 8.777 personas en los cultos.

Instituto Teológico Boa Terra. Está formando líderes en 10 lugares en cuatro regiones del país. Región Sur, 45 estudiantes; Región Sudeste, 29 estudiantes; Región Nordeste, 13 estudiantes; Región Norte, 43 estudiantes. Totalizan 130 alumnos.

Conozca La Iglesia de Dios en América Latina

A Mão Cooperadora: En la región Sur Curitiba y región metropolitana (Piraquara) operan cinco centros de educación infantil. Atienden a 570 alumnos. La Escuela de Enseñanza Fundamental atiende a 700 alumnos, sumando a 1.270 alumnos en total. En la Región Sudeste de São Paulo, cuatro centros de educación infantil atienden a 1.000 alumnos.

En la región Norte (Belém, Santarém, Itaituba e interior) son 11 unidades que atienden a 379 alumnos en el proyecto socio educativo. Están inscritos 128 niños en la guardería de niños "La Creche," 866 alumnos en la Pre Escuela y 662 alumnos en el Enseñanza Fundamental. Total son 1.966 alumnos.

Sumando las regiones, la entidad A Mão Cooperadora atiende diariamente a 4.236 alumnos en sus 21 locales de atención.

"Mirando hacia el futuro, estamos estableciendo aún mayor autonomía administrativa en las regiones," indica el hno. Wengrat. "Esto responde mejor la realidad regional, para que la iglesia siga creciendo."

Redacción original de Víctor Ruzak con datos tomados del Boletín Doctrinario. *Actualizado por Ronaldo Wengrat.*

Brasil

Estos jóvenes muestran el impacto de *Desperta*, evento evangelístico llevado a cabo anualmente por la Iglesia de Dios en Las Amazonas. Empresas y medios de comunicación locales colaboran con la Iglesia Central de Itaituba para realizar la campaña, que registró 200 convertidos a Cristo en 2019. [Foto: Jonathan Todd]

Participantes en un taller anual de capacitación de la Rede Trôade, alianza voluntaria que ha resultado en el crecimiento y fortalecimiento de la Iglesia Dios brasileña, particularmente en el sur del país.

Conozca La Iglesia de Dios en América Latina
Chile

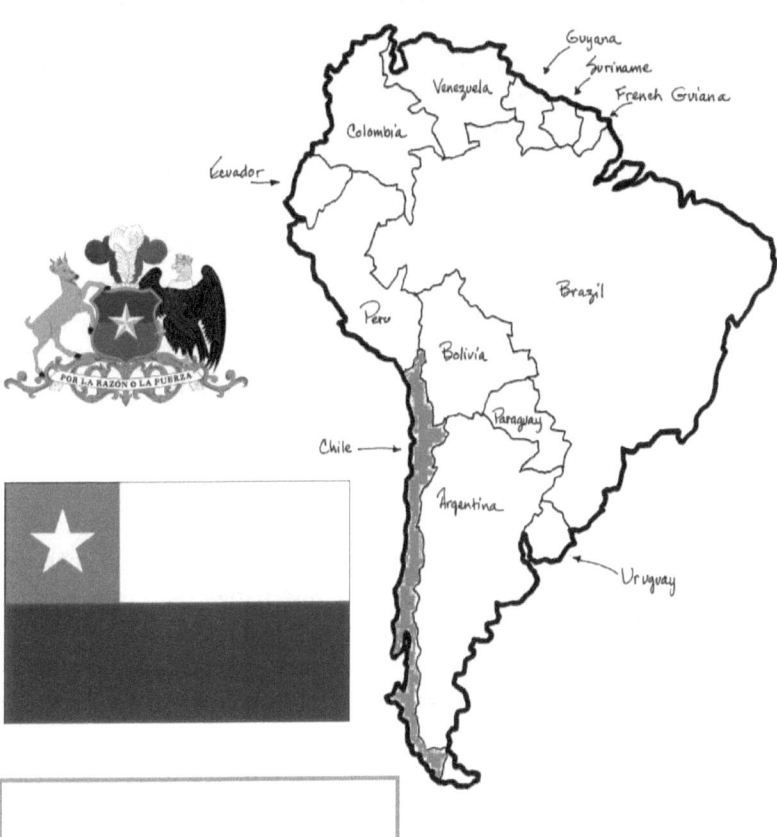

Fundación: 1993

Congregaciones: 5

Membresía: 250

Chile

El 16 de enero de 1993, el hermano Narciso Zamora y su esposa Udelia, los dos de origen peruano, se instalaron en la República de Chile. Habían venido como misioneros de la Iglesia de Dios enviados por la Confraternidad Interamericana de la misma.

Los Zamora enfrentaban una diversidad de retos para la instalación de la Obra de la Iglesia de Dios en este país austral. "Muchos piensan que trabajar en la obra misionera es hacer turismo", comentó el hermano Narciso. "Quizás haya misioneros de ese tipo, pero en este caso es todo lo contrario.

"Existen en este país problemas culturales, sociales y morales y económicos muy agudos."

El primer ministerio social que los Zamora iniciaron fue un programa de rehabilitación para niños carenciados y jóvenes adictos a las drogas. El abuso de sustancias ilícitas fue incuestionablemente el problema más agudo en la sociedad chilena.

Los Zamora se instalaron en un suburbio de la capital Santiago llamado La Florida, actualmente una de las mejores comunas del gran Santiago.

"No nos interesa ser simplemente una iglesia religiosa más del grupo, sino el objetivo es presentar la alternativa de Cristo para la sociedad Chilena," afirmó Narciso Zamora.

El ministerio inicial de los Zamora era predicar al aire libre, distribuir tratados casa por casa, invitar personalmente a los vecinos del lugar.

Los hermanos Narciso y Udelia Zamora con sus hijos fueron los que anteriormente plantaron la obra de la Iglesia de Dios en Ecuador, que a su vez habían emigrado del Perú como misioneros a este país del Ecuador. Trabajaron durante 7 años en el Ecuador.

Al escuchar un informe durante la Conferencia Mundial realizada en Alemania en el 1991 sobre las necesidades en Chile, sentían la convicción que Dios los estaba llamando a Chile.

Trabajaron hasta el año 2009, cuando por razones de salud de la hermana Udelia se vieron obligados a regresar a su país natal. Dejaron tres congregaciones establecidas por aquel entonces, y la dirección nacional de la obra asumieron los hermanos Alberto Martínez, Mauricio Alcatruz, Jonás Lamo y Roxana Mejías.

Conozca La Iglesia de Dios en América Latina

Así la Iglesia de Dios quedaba en manos de pastores nacionales, asumiendo los desafíos de preservar el trabajo realizado por Narciso y Udelia, como también encargarse de la proyección de la Iglesia de Dios en Chile.

La tarea no ha sido fácil. El país cambió mucho después del tiempo de la dictadura militar y con la vuelta a la democracia. El progresismo, el liberalismo, el desarrollo económico y la vuelta a las libertades han hecho que la sociedad chilena se vuelva más materialista. El consumismo se ha convertido en su religión.

A pesar de eso la iglesia siguió su desarrollo. Las congregaciones establecidas han continuado el legado, permaneciendo y desarrollándose. Sufrieron la lamentable partida de uno de sus pastores a la presencia del Señor, el pastor Jonás Lamos quien en ese momento tenía el ejercicio de la presidencia de la Iglesia de Dios en Chile.

Actualmente la dirección de la Iglesia de Dios en Chile está conformada por Carlos Barlow, Presidente; Alberto Martínez, Secretario; y Segundo Pastrán, Tesorero. Continúa trabajando en fortalecer los principios y valores de la Iglesia de Dios, especialmente los de la unidad y el apoyo mutuo para el crecimiento. En dicho trabajo hemos contado con el apoyo del Dr. Leroy Linsey de EEUU, y de Narciso Zamora y Tito Cervera del Perú, con quienes se han realizado seminarios de crecimiento.

Hoy la Iglesia de Dios en Chile ha expandido a cinco congregaciones en la cual adoran un total de 250 hermanos.

Los líderes chilenos, junto a las congregaciones establecidas están enfrentando el Desafío 220, animando a los miembros del Cuerpo para que cada uno pueda ayudar sembrar dos iglesias y formar 20 discípulos, para cumplir su tarea en la Gran Comisión de Jesucristo. Tienen confianza en Dios, quien hará que la obra de la Iglesia de Dios en Chile pueda continuar creciendo sobre las raíces echadas.

El tiempo es corto y la mies es mucha, pero "estamos persuadidos de que él que comenzó la buena obra en Chile la perfeccionará" (Filipenses 1:6).

- *Por Alberto Martínez con datos tomados de la revista* **LA TROMPETA**.

Chile

Narciso y Udelia Zamora, con sus hijos Eliezer y Gerson, frente el local en el barrio La Florida, Santiago, donde se reunía la primera congregación de la Iglesia de Dios en Chile. Foto cerca 1993.

La segunda obra más joven de la Iglesia de Dios en América Latina, Chile recibió la Conferencia Interamericana de la Iglesia de Dios en enero de 2009. La asistencia del encuentro superó notablemente la de las conferencias anteriores, debido a la participación por primera vez de grupos familiares.

Conozca La Iglesia de Dios en América Latina

Colombia

Fundación: 1975

Congregaciones: 18

Membresía: 1.800

Colombia

LA HISTORIA DE LA IGLESIA DE DIOS EN COLOMBIA ES UNA REALIDAD GRACIAS A tratados evangélicos, la literatura cristiana, el programa radial "Hora de Hermandad Cristiana" y almas sedientas de la verdad. Participaron en la historia cristianos dedicados y dispuestos a compartir sus bienes, y hombres y mujeres de visión y amor para con sus conciudadanos llamados por el Señor. A esto, hay que añadir 11 años de oración unida. Estos son los elementos que Dios usaba para hacer la historia, para la gloria de su nombre.

El Pastor Mendoza Taylor, ciudadano colombiano, nacido en la Isla de Providencia, aceptó al Señor Jesucristo como salvador en el año 1960. Vivía en la ciudad de Barranquilla y trabajaba con el gobierno en el Servicio de Inmigración (Guarda Costa). Sus labores iban en contra los principios cristianos, entonces en obediencia al Espíritu Santo, se retiró del trabajo.

Luego viajó a Panamá en busca de una manera honrada para ganarse la vida. El primer domingo de su llegada, fue invitado por su madre, Rosurah de Taylor, y su hermano Delio a la congregación local de la Iglesia de Dios, ubicada en la calle 16, Río Abajo. En estos momentos de compañerismo cristiano, recibía instrucciones espirituales de los pastores William Johnson, Ormand Brewster y Dean y Nina Flora, misioneros sirviendo en la República de Panamá, tanto como otros ancianos.

El Espíritu Santo obró en su vida, testificando de las convicciones de La verdad. Su nuevo empleo como capitán de una lancha de turismo le ofreció muchas oportunidades para hacer lo que él deseaba. Con las lecturas de libros doctrinales y capacitación por medio de cursos bíblicos por correspondencia, logró superarse.

EL DESAFIO, 1973

El Dr. Lester Crose, Secretario Ejecutivo de la Junta Misionera en Anderson, Indiana, EEUU, asistió a la Conferencia Interamericana celebrada en 1973 en Alajuela, Costa Rica. Hizo preguntas desafiantes a los delegados de los distintos países respecto del enfoque de la Iglesia de Dios en el término de los cinco años por adelante. Se dirigió al hermano Taylor en su calidad de Presidente del Comité General de la iglesia en Panamá. Taylor respondió,

Conozca La Iglesia de Dios en América Latina

"Cruzaremos las fronteras para entrar en el territorio de Colombia con el mensaje de la Iglesia de Dios."

En el año 1975, la Conferencia Interamericana de La Iglesia de Dios tuvo lugar en el templo de Villa Guadalupe, Panamá. Asistió el evangelista Miguel Angel Portillo, ciudadano colombiano, en aceptación a una invitación de la hermana Evelyn de Anderson, de Corpus Christi, Tejas, EEUU. Angel suscribía a las literaturas cristianas que ella editaba.

Después de la conferencia, Angel quedó dos semanas más en Panamá buscando informaciones doctrinales de la Iglesia de Dios. Al regresar a Bogotá habló a su colaborador, Jacob Hurtado, de sus impresiones del Movimiento de la Iglesia de Dios. Ambos escribieron al hermano Taylor, con el resultado de que el hermano Jacobo asumió la responsabilidad de dirigir un grupo informado con literaturas doctrinales. Se reunía para adoración, estudio bíblico y oración en el hogar de la hermana Isabel Rodríguez.

Durante el mismo año, la Señora Evelyn de Anderson escribió una carta a Panamá haciendo saber la necesidad de un evangelista para conducir una campaña en el barrio El Campito de la ciudad de Barranquilla. Esto fue por petición de Pedro Osorio Sierra, obrero evangélico convertido en la Iglesia Cuadrangular y suscriptor de literaturas publicadas por la Compañía del Triunfo Cristiano de Corpus Christi.

La Asamblea de Panamá aceptó la invitación, enviando a los pastores Frank Brewster y Mendoza Taylor a Colombia. La Sra. Normel de Brewster les acompañó.

Después de la campaña, el grupo visitó la ciudad de Bogotá para conocer al grupo dirigido por el hermano Jacobo Hurtado. Se le enviaba literatura y finanzas desde Panamá, y periódicamente el hermano Taylor les visitaba. En dos de estas ocasiones, fue acompañado por el misionero Ronaldo Shotton y una vez por Mauricio Caldwell de la Junta Misionera, quien realizaba un viaje por Sur América.

Un desacuerdo por temas doctrinales como el milenio y hablar en lenguas produjo una división en el grupo. Gracias a los esfuerzos de la hermana Isabel Rodríguez el Señor pudo mantener el grupo unido.

Colombia

A pesar de ser nueva en la experiencia cristiana, la hermana Isabel logró adiestrar un curso bíblico.

En la ciudad de Pasto, capital del Departamento de Nariño, el hermano Silvio Ney Solarte, ex-seminarista de la fe católica, sufrió un tremendo conflicto mental y espiritual, hasta pensar en el suicidio. Fue convertido y bautizado en la fe cristiana. Después de 12 años, se encontró con falsos maestros que afirmaban que es necesario ser rebautizado. Esto le creó nuevas situaciones difíciles.

Hasta que un día, transitando por una de las calles de la ciudad, el viento levantó un folleto de literatura cristiana de un basurero. Cayó cerca de él, entonces lo recogió y lo leyó. Luego escribió a la dirección anotada - la casa editorial "Compañía Triunfo Cristiano" de Corpus Christi, Texas, EEUU - pidiendo aclaración de la enseñanza del bautismo. La hermana Evelyn de Anderson dio su carta al hermano Taylor, quien le contestó con consejos e instrucciones bíblicas. Esto dio lugar a la amistad en el Señor Jesucristo.

El hermano Silvio se encontraba después fortalecido en la fe. Su desarrollo espiritual continuaba, apoyado por el programa "Hora de Hermandad Cristiana," que se transmitía por la Radio Voz de los Andes de Quito, Ecuador y por Bonaire, Antillas Holandesas, por literaturas, cursos de adiestramiento de la Compañía del Triunfo Cristiano y la revista *La Trompeta*.

Con estas experiencias y conocimiento doctrinales, logró afirmar un grupo de 35 miembros. Viendo las capacidades dirigidas por Dios, el grupo pidió que el hermano Silvio les atienda como pastor.

Se reunía la congregación en el hogar de Helmuth y Bertha Wienand. La fe y el entusiasmo de ellos por las cosas del Señor los impulsaron al servicio misionero, alcanzando otros en el pueblo de Los Alizales. Cruzaron luego las fronteras de Ecuador, compartiendo las buenas nuevas con gente de Ipiales y Riobamba.

El Sr. Helmuth José Wienand, su esposa y todos los miembros de su familia se convirtieron de la idolatría a la fe cristiana, después de haber leído la porción bíblica de Éxodo 20:3: "No tendrás dioses ajenos delante de mí." Se pasaron toda una tarde un día destruyendo imágenes de su religión antigua que era en total 86.

Terminaron con los negocios de cafetales y bares que tenían. El hermano José viajó luego de Pasto a Puerto Asís para dedicarse a la

Conozca La Iglesia de Dios en América Latina

distribución de literaturas. Con su carro prestaba servicio a la comunidad. Se dedicaba a una pequeña librería, viviendas y otros negocios honrados para ganarse la vida.

El hermano Rafael Mancilla fue nombrado pastor laico de la obra, para colaborar con el hermano José, quien seguía en su ministerio de evangelismo y literaturas. Los hermanos vivían en lugares separados de esa área y muy distanciados, por ese motivo los cultos se celebraban en varios hogares. Algunos puntos de predicación eran Puerto Caicedo, Campo Leimoso, El Vergel, La Cae y San Miguel.

Al final del cuarto año de la meta fijada, Pedro Osorio Sierra fue presentado a la conferencia por el hermano Taylor como delegado oficial de Colombia. A la vez, compartió la orden que había recibido del Señor de retornar a Colombia para así entregarse a la causa de la obra. Por asuntos doctrinales referentes al milenio y hablar en lenguas, el hermano Osorio se fue a trabajar como un grupo independiente.

1978

Con la bendición y aprobación de la Iglesia de Panamá, el hermano Taylor, su esposa Daisy, sus dos hijos Joselino de 16 años y Edelmiro de 12, partieron de Panamá a Colombia para establecer su residencia en la ciudad industrial de Medellín. Esto ocurrió el 25 de Septiembre de 1978. También lo aprobó la Junta Misionera de Anderson, Indiana.

Un grupo se reunía para estudio y oración tres veces en la semana en el hogar misionero, ubicado en la calle 48. Gracias a la ayuda del hermano Mathias Villa, que había venido sirviendo en la obra con el espíritu de un "Andrés" bíblico., muchos recibieron el mensaje de la esperanza en Cristo Jesús.

Durante los meses de octubre a diciembre, el hermano Taylor estuvo en la ciudad de Bogotá. En estos meses se celebraron semanalmente estudios bíblicos y oración en cinco hogares distintos. Se presentaban necesidades como la restauración del compañerismo entre los creyentes, un local central donde celebrar los cultos y un pastor permanente para la grey. Fue guiado al hermano Edwin Anderson, quién presentó al hermano Andrés Gregorio Reales, profesor y rector del Colegio Interamericano en esta ciudad, para tal cargo. Dicho hermano aceptó y simultáneamente el Señor proveyó

Colombia

un centro de reunión y residencia para el Pastor y su familia en la calle 47.

Celebraron un culto bautismal el día 11 de noviembre. La primera reunión de la Asamblea de la Iglesia de Dios se celebró en esta ciudad del 19 a 21 de enero de 1979. Estuvieron presente delegados de Puerto Asís, Pasto y Medellín. La conferencia terminó con una asistencia de más de 60 hermanos. Establecieron metas como abrir obras misioneras en 10 departamentos en 10 años, crear un fondo nacional y organizar un reunión de obreros tres veces al año.

DATOS HISTÓRICOS.
Primer contacto con Colombia fue por medio de la hermana Evelyn de Anderson, de Corpus Christi, Texas EEUU.

> Primera llamada emitida desde la ciudad de Barranquilla.

> Primer grupo que respondió a la llamada fue conformado por Pastor Frank Brewster y Sra. y Mendoza Taylor. Primera donación para la Misión Colombia aportó la Sra. Verena Beaver de Pleasant, miembro de la congregación de Springfield, Oregón, EEUU.

> Primera secretaria de la asamblea fue la Srta. Patricia Wienand, de Pasto, Nariño.

> Primer culto bautismal se celebró en el Río Putumayo en Mayo de 1978.

> Primera convención se llevó acabo de19 a 21 de enero de 1979 en la ciudad de Bogotá.

> Primer proyecto fue realizado en Puerto Asís, Putumayo, para la construcción de la capilla de la congregación.

- *Material original aportado por Mendoza Taylor.*

Conozca La Iglesia de Dios en América Latina

En 1978, Mendoza Taylor se mudó de Panamá con su esposa Daisy a plantar la Iglesia de Dios en Colombia. Marinero de profesión de la isla de Providencia, el hermano Taylor trabajó hasta su muerte en 1995 de misionero y pastor en Bogotá, formando a los futuros líderes de la obra nacional. En 1994, esta foto de Mendoza apareció en la portada de la revista *Misiones de la Iglesia de Dios* como representante de líderes efectivos del movimiento de la iglesia de Dios a nivel mundial.

La Iglesia de Dios en Puerto Asís, Putumayo, celebra culto de gala para el Día de la Familia 2017 bajo un techo provisional, mientras su templo está en obras de reconstrucción. Ubicada en una "zona roja" de conflictos armados, la iglesia ha sufrido la pérdida de miembros de la congregación debido a la violencia comunal y política. Ángel y Janet Pinto han pastoreado esta iglesia y plantado otras en el departamento de Putumayo por más de cuarto siglo, colocándolos entre los líderes evangélicos más veteranos de la región.

Costa Rica
Costa Rica

Fundación: 1936

Congregaciones: 15

Membresía: 1.575

Conozca La Iglesia de Dios en América Latina

LA IGLESIA DE DIOS COMIENZA SU HISTORIA CON LOS HERMANOS MCHUGH, que vivían en Germania a partir del año 1920. Ya por el año 1936 se realizaban cultos en varios lugares de Costa Rica. En el año 1937, la iglesia vivió tiempos difíciles ya que el gobierno de Costa Rica prohibió la realización de cultos al aire libre. Por el año 1940, se construyó la capilla en Cimarrones. El ministerio pastoral fue apoyado desde Panamá por medio del hermano A.E. Rather, misionero en Panamá, hasta el año 1952, cuando éste regresó a los Estados Unidos.

Por el año 1948 se desataba una guerra en Costa Rica. También en el mismo año, el 29 de julio murió la hermana Ellen McHugh. En el año 1953 sucedieron varias cosas destacables para la obra en este país. La familia McHugh cedió en donación su casa a la Junta Misionera de la Iglesia de Dios en Anderson, EEUU, y el dueño de la tierra donde se hallaba asentada la iglesia donó esa propiedad también.

El día 3 de marzo de 1957, comenzaron a realizarse reuniones en un lugar llamado Siquirres. Durante todo este tiempo hasta el año 1958, la Iglesia de Dios en Costa Rica fue apoyada por el ministerio pastoral de los misioneros residentes en Panamá, que viajaban periódicamente hacia Costa Rica para colaborar en la obra.

El 31 de diciembre de 1958 llegaron la familia de Keith y Gloria Plank con sus hijos a Costa Rica como misioneros de la Iglesia de Dios. Al año siguiente se inicia la construcción del templo en Limón, y para fines del año los Plank viajan a Panamá para efectuar allí su tarea como misioneros, haciéndose cargo de la obra los hermanos Dean y Nina Flora. Los Flora luego irían a Panamá.

El 27 de Diciembre de 1960, el hermano Paul Ashton se hizo cargo del trabajo pastoral de la iglesia en Limón. Al año siguiente, se realizó la primer Convención Anual en el mismo lugar, iniciándose con cursos de capacitación. En el año 1963 se realizó la primer Convención Juvenil en Siquirres.

Además en este año se vivió la triste experiencia de dolor en Costa Rica con la erupción del Volcán Irazú. Cabe destacar el ministerio de los Plank en este año, colaborando con lo que se denominó "Las Caravanas." Distribuían medicamentos de día y hacían el evangelismo

Costa Rica

por las noches por medio de la proyección de películas. En este año se realizó la primera Convención de Mujeres en Cimarrones.

En el año 1967, Ed y Carol Anderson fueron designados como misioneros a Costa Rica y en el mes de junio de este mismo año regresó a Costa Rica el hermano Jorge Moffat. Años atrás había viajado a México para prepararse para el ministerio. En el año 1970, llegaron los hermanos Luz y Carol Gonzales para iniciar el ministerio entre los adictos a las drogas. Dos años después, los Harry y Jean Nachtigall llegaron para colaborar en el ministerio del hermano Luz González.

En 1973, se realizó la Conferencia Interamericana por primera vez en Costa Rica en la ciudad de Alajuela. Tres años más tarde, se realizó la dedicación del Centro Cristiano que fue construido con el apoyo de los hermanos de Estados Unidos y en varios campamentos de trabajo. En el año 1981 se iniciaron con las clases de capacitación el Centro de Estudios Ministeriales de la Iglesia de Dios (CEMID), apoyado por los hermanos Keith y Gloria Plank, quienes dictaban clases en el Centro Cristiano.

Cabe destacar en la década de los '80, los hermanos Keith y Gloria Plank sirvieron en el ministerio, capacitando líderes por medio del Instituto Bíblico y la fundación de nuevas obras. La solidaridad y ayuda de los hermanos Plank fue valiosa para que se constituyera el Seminario CEMID, que ha sido fundamental para la misión en este país.

También vale mencionar la fundación del centro de retiros denominado "Ríos de Agua Viva" en Cimarrones. Los hermanos Plank dejaron una estela de amor entre los hermanos en Costa Rica.

Costa Rica se caracteriza por ser un país donde los futuros misioneros destinados a países de habla hispana se capacitan con el idioma español. Por ende, la historia de la Iglesia de Dios está marcada con varios nombres, que durante el tiempo de su preparación los años 1970 a 1990 sirvieron en el ministerio pastoral con la Iglesia de Dios en Costa Rica. A la vez les servía de práctica con el idioma a utilizar en el país al que se dirigían a trabajar.

Wayne y Kathy Sellers siguieron a los Plank, consolidando la organización de la obra nacional y completando varios proyectos de construcción. Sus 17 años de servicio misionero, de 1991-2008 dejó

Conozca La Iglesia de Dios en América Latina

una iglesia madura que ha notado considerables avances bajo el liderazgo de siervos nacionales.

Por ejemplo, la pastora Irma Drummond, quien sirvió varios años como presidenta de la Asamblea Nacional, fue instrumental en sembrar nuevas congregaciones en Limón. Otras congregaciones han crecido a un ritmo apreciable, enfocando en hacer discípulos y plantar nuevas obras en nuevas comunidades. Como resultado, los *ticos* han experimentado un crecimiento en aproximadamente 20 por ciento a nivel nacional en los últimos cinco años.

Actualmente, la Iglesia de Dios en Costa Rica cuenta 15 congregaciones locales y 1.575 creyentes. Sin embargo, no están los líderes contentos con los logros, sino que anhelan tomar más pasos hacia adelante.

"Tenemos metas importantes para los próximos años," afirma el actual presidente nacional, Arturo Laitano Torres. "Entre ellas, es la de plantar más iglesias y de fortalecer la formación de líderes."

Indudablemente la Iglesia de Dios en Costa Rica, como en todos los demás países ha vivido experiencias diversas, pero Dios siempre ha dado la victoria.

Las palabras del apóstol Pablo serían apropiadas para expresar la visión de los obreros costarricenses. "Prosigo hacia la meta, al premio del supremo llamamiento de Dios en Cristo Jesús" (Filipenses 3:14).

- Por Francisco Guillen, con reportajes

Costa Rica

Puerto Limón fue el punto de entrada a Costa Rica para la Iglesia de Dios a principios del siglo XX. A principios del siglo XXI, la iglesia nacional experimentaba un crecimiento de 20 por ciento en solo seis años. Esta cifra incluía cinco obras nuevas plantadas en Puerto Limón y sus alrededores.

En 2018, Costa Rica recibió el Foro Mesoamericano de Obreros del Reino en San José, con 106 participantes de 10 países latinoamericanos.

Conozca La Iglesia de Dios en América Latina

Cuba

Fundación: 1930

Congregaciones: 66

Membresía: 2.500

Cuba

EN 1930, LLEGÓ A CUBA LA MISIONERA NORTEAMERICANA ETTA FAITH Stewart y plantó la primera congregación de la Iglesia de Dios en Cuba en el barrio Almendares, La Habana. Stewart fue misionera independiente, habiendo trabajado anteriormente en la India. Aunque su intención fue establecer el Movimiento Reformador de la Iglesia de Dios en Cuba, no quiso que la obra esté bajo el control de la Junta Misionera de Norte América.

En 1932, Hester Greer llegó para trabajar en La Habana. Las dos hermanas eran solteras, con intenciones de levantar una nueva obra. Hester Greer recibía ayuda de la Junta Misionera, por tanto tenía otra opinión a la de Stewart y las dos se separaron. Gradualmente la hermana Stewart se distanció de los líderes de la misión en Norte América. Aunque no recibía apoyo financiero del exterior, logró mantenerse en Cuba y llevar adelante el movimiento que había establecido sobre las bases teológicas de la Iglesia de Dios.

La nueva obra crece rápidamente, planta una iglesia bilingüe, funda un orfanatorio e inicia un programa de radio. También inicia una escuela bíblica para preparar misioneros, de la cual salió el pastor Andrés Hines, inmigrante de la isla de Barbados. Para 1935, Stewart se independiza de la Junta Misionera de Anderson e inscribe legalmente la obra como Primera Iglesia de Dios, mientras Hester Greer, Andrés Hines, y algunos de sus discípulos siguen bajo la cobertura de la Junta Misionera de Norte América.

La hermana Greer ya se había establecido en la calle San Nicola en La Habana Vieja y plantaba una congregación en El Reparto del Diezmero, donde dejó como pastor a su discípulo Antonio Grisell. Greer fue a la Isla de Pinos (hoy en día Isla de Juventud), y partiendo de una congregación abandonada de hermanos procedentes de Gran Caimán, fundó la Iglesia de Dios en Nueva Gerona. Para entonces Andrés Hines se había establecido en el municipio de Marianao, plantando una iglesia bilingüe en El Reparto Finley.

Conozca La Iglesia de Dios en América Latina

En 1943 la Junta Misionera de Norte América mandó a José Manuel Rodríguez y su señora Grace para servir como superintendentes de la obra nacional cubana. Este matrimonio vivía en Matanzas y plantó una iglesia en el barrio Cárdenas.

En el mismo año, vienen a Cuba Manasseh y Gretchen Stephenson para trabajar en la comunidad bilingüe que había establecido la hermana Greer en la Isla de Pinos. En 1949, la Junta envía al joven norteamericano Eduardo (Ellsworth) Palmer y su señora Hilaría para sustituir al pastor y superintendente cubano José Manuel Rodríguez. Los Palmer quedaron en Cuba hasta 1961.

Durante sus años de trabajo en Cuba, los Palmer comenzaron a organizar la iglesia nacional. Lograron que las iglesias leales a Faith Stewart realicen una reconciliación con las de la Junta Misionera. En aquel momento, había 30 a 40 congregaciones locales. Las principales que se reconciliaron fueron Nueva Gerona, Diezmero, Cascorro y Calle San Nicolás en Habana.

El hermano Palmer estableció su oficina y comenzó a dar cultos en la Casa de Los Abuelos que dirigía su esposa Hilaria en la calle Álvarez #65. El 10 de Marzo de 1952, esta obra se constituye de forma oficial la Iglesia de Dios en Guanábana. En 1954, los Palmer conocieron a Romelia Páez Plata, pastora proveniente de Los Soldados de La Cruz, y le piden que les ayude en Guanábana mientras Eduardo se ocupaba en la construcción del nuevo templo en Reparto Arrechavaleta, que se inauguró en 1955 con 30 miembros.

En ese tiempo, llegaron a la Isla de Pinos los misioneros norteamericanos Earl y Frida Carver para sustituir a los Stephenson. En 1956 los Carver captaron la visión de preparar la próxima generación de líderes—el relevo--para la obra nacional. Enviaron a cuatro jóvenes de su iglesia a realizar estudios en el seminario avanzado: Marciano Yates, Gerino Blanco, Jaime Bell y Arturo Fumero.

Cuba

La Revolución Cubana explotó en 1959 y el trabajo de abrir nuevos campos se detuvo. En 1960, los Carver salieron de la Isla de Pinos para regresar con los Palmer y Antonio Grisell a los Estados Unidos. Los Palmer llaman a un joven, Remberto Ortiz, quien presidía el ministerio juvenil de la Iglesia de Dios y le entregaron las llaves del templo y la casa pastoral. "Mira, a ver si puedes salvar esto hasta nuestro regreso," dijeron. Remberto Ortiz sigue encargado de estas propiedades en Matanzas al momento de la redacción, o sea 60 años después.

El relevo asumió la dirección de la obra cubana. Andrés Hines fue a trabajar en La Isla de la Juventud, Gerino Blanco lo sustituyó en Finley y se convierte en el primer superintendente cubano de la Iglesia de Dios en Cuba. Jaime Bell y Basilia Figueroa asumieron el pastorado en El Diezmero, y Arturo Fumero y su señora Carmen Martínez fueron a trabajar en Cascorro.

Al salir los misioneros norteamericanos de prisa, la iglesia quedó completamente en manos de cubanos. Se perdió contacto con Anderson, Indiana por un periodo de 10 años. Varios templos se quedaron vacíos y eventualmente, se cerraron muchas casas culto.

En los años interinos desde la revolución, la iglesia ha pasado por distintas etapas de administración eclesiástica. En 1963, Gerino Blanco sale para los Estados Unidos, seguido por Marciano Yates. Remberto Ortiz fue elegido para presidir el concilio de pastores, puesto que ocupó hasta 1971. Ortiz inscribió la iglesia nacional con el nombre Iglesia de Dios en Cuba y la afilia al Consejo de Iglesias en Cuba. Otros líderes nacionales y sus términos fueron:

Jaime Bell, 1971 – 1974.
Remberto Ortiz, 1974 - 1978.
Andrés Hines, 1978 – 1984.
Carmen Rosa Martínez, 1984 – 1988.

Conozca La Iglesia de Dios en América Latina

Samuel Contino, 1988 – 2002.
Carlos A. Lamelas, 2002 – 2005.
Ramón Reyes, 2005 – 2010.
Basilia Figueroa, 2010 – 2017.

"La Iglesia crece ligeramente porque el estado levantó oficialmente el perjuicio religioso," declaró Remberto Ortiz en 1992. "En la práctica, el trabajo de la iglesia está limitado al templo. No tenemos acceso a la prensa o a medios masivos de comunicación. "No hay derecho para abrir un templo nuevo. Los templos que están construidos obtienen permiso de reconstruir pero el material se consigue solo pagando con divisas, o sea dólares americanos."

Los primeros años de la década 1990, ocurrió un avivamiento de sanidad divina en Matanzas que ha reunido más de 80.000 personas. A pesar de que los periodistas se dedicaron a desmentir que habían ocurrido milagros en Matanzas, explicando lo sucedido como "algo psicológico," el avivamiento expandió por toda la isla. Hoy en día, la gran mayoría de creyentes evangélicos, inclusive los hermanos de la Iglesia de Dios, adoran a Dios en las "casas culto" que surgieron durante la renovación espiritual al fin de siglo 20.

El mensaje al ángel de la iglesia en Tiatira, que el apóstol Juan anota en Apocalipsis 2:19, parece un testimonio muy apropiado para la experiencia de la iglesia cubana. "Yo conozco tus obras, y amor, y fe, y servicio, y tu paciencia, y que tus obras postreras son más que las primeras."

Tomado de Tesis de Maestría del Lic. Roberto Moreno, contribuciones de Víctor Ruzak y David Miller.

Cuba

Los misioneros norteamericanos Ellsworth y Hilaria Palmer, y Doris Davis frente la fachada de un antiguo templo anglicano en Guanábana, antes de su reconstrucción en 1948 para servir la congregación de la Iglesia de Dios.

Estos graduados del Instituto Bíblica Teológica, también conocido como "La Buena Tierra Cubana", completaron estudios de capacitación en Matanzas en 2009 bajo la dirección de profesora Regla Pedroso (segunda de la izquierda). El IBT es un programa rotativo, que obliga a la hermana Pedroso viajar a distintos puntos de la isla para ofrecer clases académicas.

Conozca La Iglesia de Dios en América Latina

Ecuador

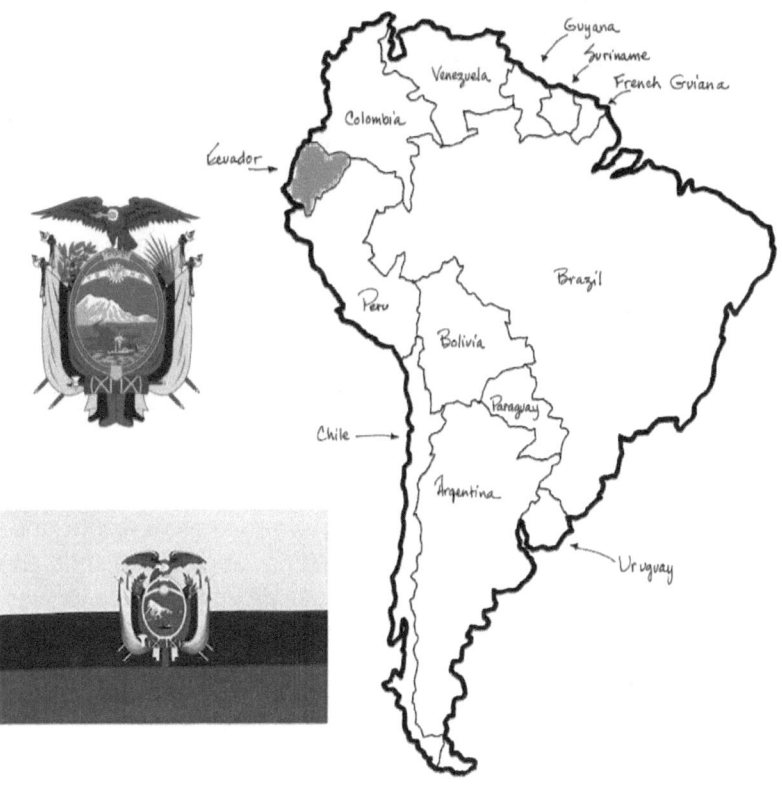

Fundación: 1988

Congregaciones: 16

Membresía: 1.045

Ecuador

UNA DE LAS OBRAS DE LA IGLESIA DE DIOS MÁS JOVEN EN AMÉRICA LATINA ES LA de la República de Ecuador. Se inicia su historia por el año 1986 con la llegada del hermano Narciso Zamora. Más adelante se relatará el testimonio de uno de los hermanos del Ecuador que estuvo desde el comienzo de la obra, junto al hermano Zamora.

"En noviembre del año 1986, conocí al pastor y misionero Narciso Zamora por primera vez, cuando lo presentaron en un grupo cristiano en Quito, Ecuador. Le oí predicar muy inspirado por el Espíritu Santo. Este mensaje me hizo estremecer y me llamó mucho la atención. Despertó el interés de continuar escuchándolo.

"Este hermano venía con el propósito específico de abrir una nueva obra en la República de Ecuador para la Iglesia de Dios. Así es que buscando información sobre el trabajo de las iglesias cristianas en el país, me pidió que colaborara con él para abrir una nueva obra para la Iglesia de Dios. En principio tuve mucho recelo para comprometerme, ya que por esos tiempos los testimonios de otras congregaciones y pastores eran muy malos en este país. No deseaba tener compromisos con pastores, especialmente con desconocidos.

"Sin embargo y a pesar de todo, decidí colaborar confiando en el Señor. El pastor Narciso Zamora, después de visitar varios lugares y líderes en Quito, decidió abrir la obra en "El Comité del Pueblo Uno," zona de los marginados en los alrededores de Quito. El 4 de Octubre de 1986, iniciaron los primeros cultos al aire libre en la calle principal de ésta ciudad, junto al establecimiento de autobuses urbanos de pasajeros.

"Cuando ya se habían ganado a unos seis hermanos para el Señor, el pastor Zamora arrendó un pequeño cuarto en el cual se realizaban los cultos. Esa habitación no tenía ventanas, ni puerta. El techo estaba averiado, tal es así que por las noches hacía mucho frío y cuando llovía nos mojábamos todos.

"La esposa del pastor, Udelia Santiago de Zamora, enviaba dinero desde el Perú, ya que el hermano realizó estos primeros pasos sin su familia. El dinero tenía el propósito de ayudar en el mantenimiento y el pago de los alquileres. A pesar de los problemas y dificultades, el hermano Zamora siguió con el ministerio por medio de presentación de películas, distribución de tratados y predicando al aire libre. Invitaba al vecindario, insistiendo puerta por puerta.

Conozca La Iglesia de Dios en América Latina

"Me convenció el ministerio del hermano Zamora, ya que era un extranjero incansable en sus trabajos espirituales, tanto como en lo material. Así es que finalmente me incorporé para ayudar en esta obra.

"Una vez que la obra comenzó a crecer, nos trasladamos a otro local un poco mejor que el anterior que se hallaba sobre la avenida principal. Además se alquiló junto al local una pequeña vivienda para que el hermano pudiera tener a su familia con él, lo que se concretó en el mes de enero de 1987. Fuimos alentados más adelante por los hermanos que vinieron de Bogotá, Colombia. Nos ayudaron maravillosamente.

"La obra de la iglesia fue creciendo y el 28 de diciembre de 1986 se realizó la primera sesión con la presencia de 40 hermanos. Se designó la Junta Directiva de la Iglesia de Dios en Ecuador, y ésta aprobó los estatutos. Comenzó a tramitarse a partir de ahí, la Personería Jurídica

"Dios ha bendecido gratamente la obra de la Iglesia de Dios en Ecuador. El hermano Narciso Zamora fue llamado al ministerio en San Martín, Perú, en el año 1976. Preparó durante tres años en el Seminario Teológico Superior Andino, en Lima, graduándose en el año 1979. Desde ese momento está sirviendo al Señor, estableciendo nuevas obras en Perú Norte y en Ecuador."

Actualmente la Iglesia de Dios en el Ecuador cuenta con 16 congregaciones activas, de las cuales 4 congregaciones se hallan en áreas urbanas y 12 en las zonas rurales. La iglesia está conformada por 1.045 miembros activos. Cuenta con un seminario teológico para formar nuevos líderes. Udelia Santiago y Narciso Zamora lo fundaron en el año 1988.

Cabe reconocer que Dios ha bendecido grandemente la obra de la Iglesia de Dios en Ecuador. Merece recordar las palabras del Señor, cuando dijo: "... no te desampararé, ni te dejaré ..." (*Hebreos 13:5*).

- Redactado por Víctor Ruzak con datos aportados por Narciso Zamora y el testimonio de Hugo Silva Aldaz.

Ecuador

Desde 1988, la iglesia ecuatoriana ha operado un seminario teológico para obreros activos, ofreciendo clases intensivas a líderes que desean completar estudios académicos sin interrumpir su ministerio. Alumnos de diferentes denominaciones evangélicas llegan de distintos puntos del territorio nacional para compartir estudios, vivienda y comida por una o dos semanas a la vez, experiencia que forja la confraternidad entre siervos de Dios. Foto cerca 1990.

Miembros de la congregación del Comité del Pueblo, primera iglesia establecida en el capital ecuatoriana. Foto cerca 1992.

Conozca La Iglesia de Dios en América Latina
Estados Unidos – Obra Hispana

Fundación: 1921

Congregaciones: 110

Membresía: N/A

Estados Unidos – Obra Hispana

EN 1921, EL HERMANO MARIANO TAFOLLA CONOCIÓ LA IGLESIA DE DIOS POR medio de la revista **LA TROMPETA** en inglés, empezó a celebrar servicios de alabanza en español a la orilla del Río Medina cerca de San Antonio y Somerset, Texas. Hubo un gran avivamiento y muchos fueron bautizados. Esta campaña evangelista fue el comienzo de las dos primeras iglesias hispanas en estas dos ciudades.

En 1934, el hermano L.Y. Janes y su esposa regresaron de Panamá donde habían servido como misioneros. Se establecieron en Corpus Christi, Texas, para continuar su ministerio con la comunidad hispana. Fundaron la primera Iglesia de Dios y empezaron a publicar literatura evangelística para las Américas. El hermano Janes logró vivir 103 años. Hoy día, el *Triunfo Cristiano* sigue en publicación. Por muchos años, estaba bajo la dirección de la hija del fundador, la hermana Evelina Anderson.

La Iglesia de Dios de Corpus Christi ha florecido. Entre sus pastores están los hermanos Ramos, Pesquera y José Santos. La hermana Amelia Valdés Vásquez, profesora del Instituto Bíblico La Buena Tierra en Santillo, México, por más de 25 años, conoció al Señor en esta iglesia. Otros jóvenes también fueron capacitados aquí y hoy día sirven de pastores en diversas regiones.

En 1948 La Junta de Misiones Domésticas (Church Extension and Home Missions) contribuyó fondos para ayudar en la compra de dos terrenos. Los hermanos Maciel y Patterson construyeron los edificios. Después de que el hermano Tafolla falleció, el hermano Ellsworth Palmer sirvió de pastor en la Iglesia de San Antonio, y a partir del 1976, el hermano Ernesto López se destacó como líder de la congregación.

Por 14 años (de 1973 a 1987) el hermano Gilberto Dávila fue el pastor y durante esta etapa creció a ser la mayor iglesia hispana. En 1987, el hermano Dávila asumió el puesto de director nacional de la obra hispana, y luego orador del programa radial La Hora de Hermandad Cristiana.

CALIFORNIA

En 1931 en la ciudad de Los Ángeles, California, el hermano A.T. Maciel y su esposa fundaron la primera congregación hispana. Servirían de pastores de esta iglesia los hermanos E. Palmer y

Conozca La Iglesia de Dios en América Latina

Mauricio Caldwell. En 1959 el Dr. Fidel Zamorano asumió la responsabilidad de esta congregación y dedicó más de 32 años a esta iglesia. También servía como orador del programa radial La Hora de Hermandad Cristiana, transmitido por más de 50 emisoras del continente. Otros pioneros en Los Ángeles fueron los hermanos Gregorio Castañeda, Samuel Colunga y Juan Samuels, líderes fieles para el Señor quienes ayudaron a establecer seis obras más en Los Ángeles.

FLORIDA

Después de servir en muchas iglesias hispanas, el hermano Ellsworth Palmer fue de misionero a Cuba en 1950. En 1960 él y su amable esposa Hilaria regresaron a los Estados Unidos. Establecieron la primera iglesia cubana en Miami. Muchos refugiados del régimen de los Castro llegaron a Miami y muchos conocieron a Cristo. Esta obra seguía con vitalidad y dinámica bajo el liderazgo del hermano Palmer, quien siguió frente la obra hasta cumplir más de 80 años de edad.

En 1972 se estableció otra congregación dirigida por el hermano Antonio Grizzell, quien por años fue pastor en Cuba. La iglesia hispana pasó años de crisis cuando había pocos pastores y casi ninguna ayuda financiera para su sostén. Muchos pastores tenían que trabajar en ocupaciones seculares para mantenerse. La iglesia angla no los reconocía y los trataba con indiferencia. Muchos lucharon solos en tiempos difíciles. Pero fueron y cumplieron. Estos pioneros merecen nuestra admiración y gratitud por la preciosa herencia que nos dejaron.

EL CONCILIO HISPANO

Hasta el año 1970, los presidentes del Concilio Hispano eran misioneros anglos. En la conferencia anual en 1970 en Houston, Texas, los delegados votaron para que la presidencia pasara definitivamente a manos de pastores hispanos. Cada año el Concilio se reúne en una iglesia local en distintas regiones del país. También realiza campañas evangelísticas, conferencias teológicas, talleres de capacitación y sesiones de negocios. En junio de 1986, se celebró el "Año Hispano" en la Convención Norteamericana en Anderson,

Estados Unidos – Obra Hispana

Indiana, EEUU. Desde entonces siempre ha predicado un pastor hispano en este evento nacional.

NUEVAS CONGREGACIONES

En 1975 había 10 Iglesias hispanas en los Estados Unidos, seis en Texas, dos en California, una en Albuquerque, Nuevo México, y una en la capital Washington D.C. La Junta de Misiones Domésticas decidió establecer un avance de cinco años, enfocando en el establecimiento de nuevas iglesias en zonas de mayor población hispana. Se levantaron fondos especiales para establecer cinco nuevas iglesias hispanas. En 1976 también se estableció un cargo nuevo, la de director hispano. Con el voto del Concilio, la junta invitó a la hermana Nilah Meier a ocupar esta directiva. Ella sirvió por 12 años.

La primera iglesia nueva fue inaugurada en Phoenix, Arizona con un grupo de jóvenes, volviéndose con el tiempo en una de las obras más dinámicas del Concilio. Los pastores Héctor y Susan González vienen liderando la congregación, que al momento de redacción cuenta con la mayor membresía de todas las iglesias de habla hispana en el país.

Otras obras se plantaron en San Benito, Texas; Toledo, Ohio; Compton y Santa Ana, California; y Fort Worth, Texas. El evangelista Luz González se mudó a Dallas y estableció dos congregaciones. También ayudó a fundar la iglesia de Eagle Pass, Texas, en la frontera mexicana. Además adiestró a varios líderes, entre ellos Juan Rodríguez el pastor de la iglesia de Eagle Pass. El hermano Lorenzo Mondragón y su Señora Margaretha fueron pastores en Houston y Fort Worth, Texas y San Francisco, California, antes de servir como misioneros en Venezuela y él como tesorero de la CIID por varios años. Ahora sirven como pastores de la bella congregación en Corpus Christi.

Desde 1980, se ha registrado más interés en el país para establecer nuevas iglesias hispanas. Nuevas congregaciones ahora existen en Winter Haven y Orlando, Florida; Harrisburg Pennsylvania; Las Vegas, Nevada; Brooklyn, Nueva York, y Hialeah Florida. En total hay 40 congregaciones hispanas.

Conozca La Iglesia de Dios en América Latina

En el año 1992, cuando fueron 500 años de presencia española en el continente americano, vivían más de 25 millones de personas de trasfondo hispano en los Estados Unidos. Solamente cuatro países soberanos de habla hispana tenían mayor población. El desafío sigue siendo grande para hacer conocer a Cristo entre el creciente pueblo hispano. Quizás en los próximos 100 años tomaremos más en serio las palabras de nuestro Redentor quien nos dejó el reto: "Id, haced discípulos".

UNA VIDA DE COMPAÑERISMO

El testimonio de la vida del pionero de la obra hispana de la Iglesia de Dios en los Estados Unidos, el hermano Mariano Tafolla, es relatado por su hija, Anna Tafolla.

"Mariano F. Tafolla estableció contacto con la Iglesia de Dios después de la muerte de su padre, mientras enseñaba en una Escuela Pública en Hayes County, Texas. Papá frecuentemente posaba sus fines de semana en el hogar junto a sus familiares en San Antonio. Un sábado por la tarde, un hombre se detuvo ante la reja de la casa preguntando por el camino hacia la estación del ferrocarril.

Mi padre, Biblia en la mano, fue a la cerca e indicó dirección a la estación al extranjero.

"¡Bendito sea Dios!" exclamó el hombre, con un marcado acento Alemán.

"¡Amén!", contestó mi padre.

"¿Es Ud. un hermano en Cristo?" preguntó el hombre. "Sí, por la gracia de Dios," respondió.

"¿A qué iglesia está Ud. afiliado?" el extranjero preguntó.

"Actualmente no pertenezco a ninguna iglesia en particular," dijo mi papá. "Solamente pertenezco a Dios.

"Estoy dirigiendo una escuela mexicana en Kyle, Texas, y amo la Palabra de Dios," continuó. "En este momento, estoy leyendo mi Biblia en español, preparándome para predicar a cualquier mexicano que quiera escuchar respecto a la salvación de Cristo Jesús.

"¡Muy bien, hermano!" dijo el hombre. "Usted pertenece a la misma iglesia a que pertenezco yo. Hay solo una iglesia, y cada persona convertida pertenece a esa iglesia,"

Estados Unidos – Obra Hispana

El hombre se presentó a sí mismo como el Señor L. Ball, de Buda, Texas. ¡Qué coincidencia! Buda estaba solamente a 10 Kilómetros del lugar donde papá trabajaba en la escuela. Antes de retirarse, el Sr. Ball invitó a papá a visitar su casa y realizar unos cultos con los trabajadores mexicanos de su granja.

Pasaron la mitad de la tarde hablando sobre las verdades bíblicas que son tan claras, como la salvación, la santificación, la sanidad divina del cuerpo, y sobre todo, la unidad divina de los hijos de Dios en el Cuerpo de Cristo. Al principio, papá no quiso aceptar el periódico que el extranjero le ofreció. Era un ejemplar de la *Gospel Trumpet* (*La Trompeta del Evangelio*). El Sr. Ball insistió, diciendo, "Aprendí del camino de la verdad leyendo esta literatura antes de salir de Alemania."

Ese día nació un nuevo compañerismo. Durante las horas desocupadas, papá trataba de leer toda la literatura que estaba a su alcance. El mensaje del evangelio ardía en su corazón, y lo llevaba con todo su fuego a cada mexicano con quien tuvo contacto a través de los años. Cuando dejaba los estudios de su escuela para encontrarse con sus familiares, continuaba su ministerio como si fuese su trabajo regular.

En los primeros años del siglo XX, había un general influyente de los refugiados mexicanos que le relató los horrores de la Revolución de México. Para ellos, acomodarse a la vida de los Estados Unidos no era fácil, entonces era un placer ayudar a éstos forasteros a acomodarse en la comunidad e indicarles el camino de la vida eterna.

En 1918, establecimos amistad con las familias Joiner, Harrel y Mahavier. Durante la guerra, muchos jóvenes de la Iglesia de Dios se establecieron en San Antonio, que llegó a ser un gran centro ferroviario en la zona. Papá era por entonces el único ministro de la Iglesia de Dios en San Antonio y predicaba el evangelio a los de habla inglesa como a los de habla hispana. Allá por el año 1921, había un grupo de mexicanos cristianos suficientemente grande como para establecer actividades regulares y una reunión campestre anual.

El grupo de habla inglesa, bajo la dirección de C.F. Miller, de Kentucky, había construido una pequeña capilla en el lado sur de la ciudad. Papá había comprado un lote en el fondo de la casa y con la

Conozca La Iglesia de Dios en América Latina

ayuda de algunos hermanos anglo-americanos, construyeron la Primera Misión de Habla Española. En este lugar trabajó hasta 1948. La Misión Española está ubicada ahora en una hermosa sección residencial de San Antonio.

Mi padre pasó a mejor vida el 30 de Julio de 1954. "Bienaventurados los muertos que mueren en el Señor. Sí, dice el Espíritu, que descansarán de sus trabajos; porque sus obras con ellos sigue" (*Apocalipsis 14:13*).

Este material fue aportado por Nilah Meier Youngman.

Nueva Vida Church of God en Glendale, Arizona, es una de las congregaciones de habla hispana más grandes de la Iglesia de Dios en los Estados Unidos.

Guatemala

Guatemala

Fundación: 1954

Congregaciones: 180

Membresía: 13.500

Conozca La Iglesia de Dios en América Latina

ISAÍ CALDERÓN LLEGÓ DE COSTA RICA, SU PAÍS NATAL, A LA CIUDAD DE Guatemala a mediados del Siglo 20. Se dedicaba a estudiar teología en un seminario de la Iglesia Presbiteriana, cuando conoció y se casó con la señorita guatemalteca Sheney Girón. Al momento de la redacción, la pareja ha cumplido más de 60 años de matrimonio.

Un evangelista dinámico con inquietudes de conocer más de la obra de Dios, el joven Calderón visitó los Estados Unidos en búsqueda de la confraternidad cristiana. Por casualidad asistió a una campaña donde predicaba Max Gaulke, presidente de Gulf Coast Bible College (hoy conocida como la Universidad Mid-America).

El mensaje de Gaulke conmovió el corazón de Isaí Calderón y decidió viajar a Anderson, Indiana, EUA, para participar en la Convención Norteamericana de la Iglesia de Dios. Mientras observaba, oraba y experimentaba la comunión presente en el evento, se inclinaba su corazón hacía esta comunidad de fe.

Terminó tomando la decisión de agregarse al Movimiento Reformador de la Iglesia de Dios. Regresando a la Ciudad de Guatemala, Isaí y Sheney plantaron una iglesia independiente en la capital. La obra crecía y de pronto se expandió a Puerto Barrios, Dolores, y San José de las Minas.

Seguían en contacto con el Dr. Gaulke en Houston, Texas, y la Junta Misionera en los Estados Unidos. La oportunidad se presentó para que la nueva obra crezca desde el inicio como iglesia indígena nacional. Nunca han trabajado misioneros norteamericanos residentes en Guatemala, sino que la Junta Misionera ha asesorado a los líderes latinoamericanos para que, desde su fundación, la iglesia guatemalteca funcionara como iglesia y no como misión. El resultado de esta estrategia ha sido un crecimiento sostenido y considerable.

Los primeros pequeños grupos de creyentes empezaron a evangelizar bajo el liderazgo de los Calderón. Líderes extranjeros colaboraban, visitando Guatemala para realizar campañas y convenciones. Misioneros de países vecinos venían de vez en cuando para animar a los nuevos hermanos. Earl y Freda Carver (Cuba), William y Emilia Fleenor (Trinidad), y Keith y Gloria Plank (Costa Rica) contribuyeron con sus granos de arena. Para el año 1962, ya existían 10 congregaciones de la Iglesia de Dios, un promedio de una iglesia fundada anualmente.

Guatemala

Sin embargo, faltaba liderazgo preparado en algunos lugares para estos grupos de creyentes. Isaí Calderón reconoció la necesidad de aportar enseñanza doctrinal. Con ayuda de la misión norteamericana, se compró una parcela de terreno en la Carretera Panamericana dentro de la Ciudad de Guatemala. Construcción comenzó de un edificio grande y adecuado para acomodar a la congregación creciente, más los eventos organizados a una escala nacional. Eventualmente, la familia Calderón conseguiría el Hotel Próceres en el centro de la capital, empresa multifuncional que recibe grupos de la Iglesia de Dios como de otras comunidades de fe, para llevar a cabo convenciones, talleres y foros.

A fines de los años 1960, la obra saltó una barrera cultural para sembrar el evangelio en las provincias interiores, como por ejemplo, Quetzaltenango, y entre el pueblo indígena cackchiquel. En las últimas décadas, el crecimiento de la Iglesia de Dios entre los guatemaltecos originarios ha llegado a ser significativo.

Hoy en día, los Calderón han tenido que restringir sus actividades evangelísticas y administrativas, debido a su edad avanzada. Pasaron estas responsabilidades a manos de su hijo, Isaí Calderón, hijo, y su señora Petra Steinschaden, ciudadana austriaca que ha respondido al llamado de Dios de trabajar en Guatemala permanentemente. La pareja tienen dos hijos, Sara y Job.

Actualmente, la Iglesia de Dios en Guatemala cuenta con 13,500 creyentes congregados en 180 iglesias locales con templos, más avanzados.

La visión de los líderes nacionales es continuar haciendo discípulos en obediencia a la Gran Comisión de Jesucristo. Una meta actual para realizar es abrir escuelas dominicales en cada comunidad donde existen sus congregaciones.

Material extraído del libro Into All the World: A century of Church of God misiones (Hasta Todas las Naciones: Un siglo de misiones de la Iglesia de Dios) *por Lester Crose, Cheryl Johnson Barton y Donald Johnson.*

Tres generaciones de la familia Calderón celebran un aniversario con torta.

Participantes de una reunión de pastores en la sala del Hotel Próceres, morada que regularmente recibe conferencias y talleres de capacitación para obreros del Reino. Foto cerca 2008.

Honduras

Fundación: 1973

Congregaciones: 6

Membresía: 1.200

Conozca La Iglesia de Dios en América Latina

LA HISTORIA DE LA IGLESIA DE DIOS EN HONDURAS COMENZÓ POR EL AÑO 1971, y en el 1973 se fundó la primera congregación. Los responsables de este inicio son los hermanos Philip y Marjorie Allen. El hermano Philip Allen conoció el evangelio y se convirtió en una congregación sectaria y exclusiva. De pronto sintió el llamado del Señor para servirle de forma libre e independiente. Este sentir lo impulsó a predicar libremente en diversos lugares de la Isla de Roatán.

El hermano Philip Allen hacía alusión a su vida pasada con las siguientes palabras: "Yo era un borracho de los más borrachos que se ven tirados en los charcos." La esposa del hermano Philip cuenta que él se iba de la casa por meses enteros, sin siquiera preocuparse de la comida de los hijos de ella. El vicio lo tenía tan dominado que en ausencia del mismo tomaba alcohol puro.

"Mi situación era tan desesperante que clamaba a Satanás, pero nada mejoraba," comenta el hermano Philip.

Una noche, después de una gran borrachera, llegó a su casa y se encontró con que su esposa y su familia no estaban. Se habían ido a la iglesia. Así es que, algo molesto, Philip decidió buscarla.

Entró a la iglesia en el estado de ebriedad que se encontraba, y esa noche el Señor tocó su corazón y lo llamó de las tinieblas del pecado, a la luz de la vida. El resultado es hoy la Iglesia de Dios en Honduras. ¡Gloria sea a Dios!

Posteriormente, el Señor puso en su camino al grupo de trabajo de *Project Partners* (Socios de Proyectos). Con el paso del tiempo, esta relación lo llevó a afiliarse con el Movimiento Reformador de la Iglesia de Dios con sede en Anderson, Indiana, Estados Unidos.

En los años de asentamiento y solidificación de la obra, la Iglesia tuvo que enfrentar algunas situaciones de crisis debido a la opresión y persecución de las otras congregaciones denominacionales. Éstas procuraban destruir el ministerio de la predicación de la Iglesia de Dios en sus comienzos. Pero gracias a Dios ha sido superado por medio de la confianza puesta en Él y la perseverancia y dedicación de los líderes de la obra.

El siguiente testimonio ha sido relatado por la hermana Bárbara de Allen.

Honduras

"En el mes de julio de 1985, la hora señalada para la Iglesia de Dios había llegado. Cruzaríamos las 30 millas que nos separan de la Isla de Roatán por el Mar Caribe hacia Honduras. Mi esposo Philip Allen Jr., yo y nuestros cuatros hijos, y con la ayuda del Señor, comenzaríamos el trabajo de la Iglesia de Dios en La Ceiba.

"Poco después de haber llegado al lugar, el dinero se nos terminó y comenzaron las pruebas. Hubo semanas enteras que nuestros niños no probaban leche por falta de dinero. En la casa que alquilábamos había en el fondo un árbol del cual preparábamos té para nuestros niños en remplazo de la leche. Debido a la falta de calcio, se debilitaron las rodillas de nuestro hijo Jakan, debiendo usar aparatos ortopédicos. Como no teníamos dinero, lo encomendamos plenamente a Dios, quien realizó el milagro y hoy está sano.

"Los tiempos fueron difíciles. No teníamos a veces ni para comer y mi esposo muchas veces se sentía desalentado. Pero confiábamos que el Señor nos daría la victoria.

"Hoy damos gracias a Dios por todos esos momentos, pues nos ha ayudado a confiar más en Él. Después de tres años de arduo trabajo la Iglesia de Dios en La Ceiba contó con una congregación joven con su propio templo y casa pastoral.

"Las luchas y pruebas que hemos experimentado en estos tiempos no son comparables a los sacrificios que tuvo que enfrentar el Señor en la cruz, menos comparable con la gloria que hemos de vivir cuando el Señor nos llame a su presencia."

El Señor dice en Apocalipsis 22:12: "He aquí yo vengo pronto y mi galardón conmigo, para recompensar a cada uno según sea su obra."

Con la muerte de su padre, Donny Allen se encargó de liderar la expansión de la iglesia.

La iglesia de Dios en La Ceiba, Honduras ha experimentado un notable aumento en las clases de discipulado y formación de líderes. Ha crecido la congregación al punto de ser una de las iglesias evangélicas de mayor asistencia e impacto en la ciudad.

"Somos especialmente bendecidos por tener congregaciones jóvenes," informa Donny Allen, pastor principal de La Ceiba. "De nuestros miembros, 64 por ciento tienen menos de 30 años de edad.

"Es emocionante ver los altares llenos de hombres y mujeres jóvenes clamando a Dios. El futuro es deslumbrante."

Conozca La Iglesia de Dios en América Latina

Ha crecido la congregación en La Ceiba hasta llegar a ser una de las iglesias evangélicas de mayor asistencia e impacto en la ciudad. La Sra. Xiomara de Allen, junto a su esposo, realiza la visión de educar a la juventud hondureña más allá de los cultos dominicales. La iglesia de La Ceiba es propietaria de una escuela cristiana que va desarrollando su programa académica a un ritmo programado.

Por ejemplo, los hermanos vienen añadiendo profesorado y construyendo aulas nuevas cada año, para acomodar a los estudiantes que pasan a cursos mayores.

"Seguimos ofreciendo una educación de calidad que es accesible a familias de pocos recursos," señala el hno. Allen. "Quitamos la barrera económica para ellos. Mi esposa Xiomara se ocupa de supervisar la escuela y coordinar los grupos celulares. Nuestra meta es que siga creciendo la escuela hasta el nivel universitario."

La visión de preparar a futuros líderes coincide bien con la meta de la iglesia hondureña de plantar una iglesia en cada departamento del país. Esta visión va realizándose con la siembra en 2015 de una congregación en la ciudad de Tela. Esteban Zapata y su esposa Cinthia se encargan de la nueva obra.

Actualmente la Iglesia de Dios en Honduras cuenta con seis congregaciones, las cuales están asentadas en zonas urbanas y rurales. Se reúnen 1.100 creyentes bautizados y 350 niños en los cultos de alabanza.

Donny Allen dice que Romanos 5:20 - Mas cuando el pecado abundó, sobreabundó la gracia - expresa la visión que Dios tiene para Honduras.

"Este versículo nos hace tener presente la capacidad de Dios para superar la maldad, no obstante su dimensión," dijo.

"Estamos experimentando esto en Honduras. La maldad está aumentando, pero también la gracia de Dios para con nosotros."

- Este material fue aportado por el hermano Donny C. Allen.

Honduras

(Arriba) La Iglesia de Dios Hermandad Cristiana en La Ceiba en culto de alabanza.

(Derecha). Nuevos creyentes pasan clases de orientación a la fe cristiana.

Donny C. Allen, pastor de la Iglesia de Dios Hermandad Cristiana, y Xiomara Ávila de Allen, supervisora de la Escuela Evangélica Las Naciones en La Ceiba.

Conozca La Iglesia de Dios en América Latina

México

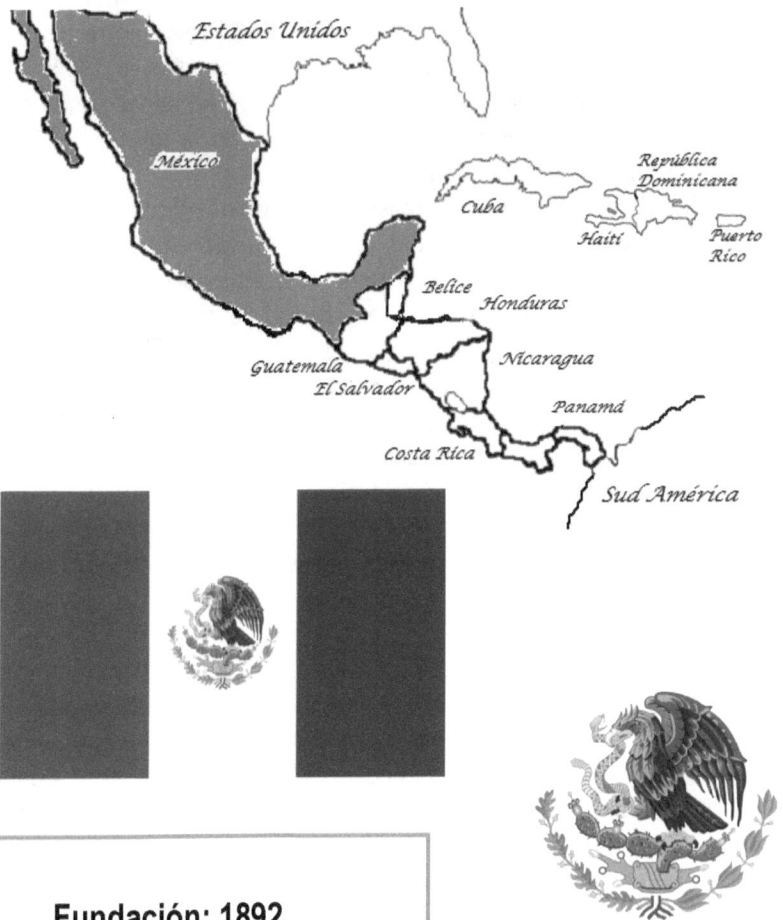

Fundación: 1892

Congregaciones: 57

Membresía: 5.000

México

ES TAMBIÉN LA PRIMERA nación latinoamericana al que llegó el Movimiento de Iglesia de Dios.

La historia de México tiene sus comienzos en el año 1892, siendo los responsables más destacados los hermanos: Benjamín Franklin Elliott, entre los años 1892 a 1909; Alfredo E. Vélez entre los años 1936 a 1956; Antonio T. Maciel entre los años 1946 a 1956. Cabe destacar que Benjamín Elliott es quién dio los primeros pasos en la obra misionera del Movimiento Reformador de la Iglesia de Dios y precisamente hacia América Latina.

Benjamín Franklin Elliott, maestro, ministro, editor y misionero, nació en Maine, E.E.U.U., el 3 de Agosto de 1858. Sus padres fallecieron cuando era joven, pero fue educado bajo influencia Cristiana, aceptando a Cristo en su adolescencia. Terminó sus estudios primarios a la edad de 15 años y entró a un seminario poco después. En tres años se graduó e ingresó a la Universidad Wesleyan en Connecticut, pero no se graduó en dicha universidad.

Más tarde, por el año 1882 Elliott se fue a California. Enseñó griego en la Universidad del Sur de California por un tiempo, luego renunció a ese cargo, para encargarse del circuito de 6 Iglesias Metodistas de San Diego. Después de 8 meses regresó a la Universidad donde terminó sus estudios y el tema de su discurso en su graduación "Misionero Extranjero".

Elliot, decidido de que tenía un mensaje para las personas, empezó publicando un pequeño panfleto llamado "La Estrella Matutina". Por aquel tiempo conoció a la Srta. Mary Clark, con quien luego se casó. De ese matrimonio nació un hijo al cual llamaron "Clark." Cuando Clark tenía dos años y cuatro meses, su mamá falleció. Hasta la edad de siete años fue cuidado por su padre. Por el año 1891, Elliot comenzó con una Misión de Fe, en Santa Bárbara, California.

El hermano Elliot predicaba en Santa Bárbara, California, cuando sintió que Dios lo llamaba a México. Pasando por los Ángeles conoció al hermano Daniel Sidney Warner, quien le acompañó a San Diego, donde el hermano Elliott, su hijo Clark, y un colaborador tomaron el barco para Ensenada, llegando a Baja California, Norte México en 1892.

Elliot predicaba en las calles. Privado de muchas cosas y sufrido, se encontró con muchos peligros. Por otro lado, estaba afrontando el

Conozca La Iglesia de Dios en América Latina

problema de brindar una educación para su hijo. Cuando arribó a México estaba viudo y su hijo Clark tenía cinco años de edad. Después de algún tiempo el hermano Benjamín Elliot decidió enviar a su hijo Clark a la escuela "de los Santos." Dejando México llevó a su hijo Clark a esta escuela para hijos de ministros, localizada en Grand Junction, Michigan, Estados Unidos. Allí conoció a la maestra Georgia Cook, y en 1894 se casaron en San Diego. Elliot se quedó con su hijo por tres meses más y luego se fue para volver a su trabajo de misionero.

El ministerio de esta pareja misionera se destacaba por la visita a los hogares y la predicación ferviente de la Palabra, también imprimían literaturas en el noreste del país. Este ministerio se desarrolló durante aproximadamente 12 a 13 años. Trabajaban en Ensenada, Mazatlán, La Paz y Guaymas.

La hermana Sofía Jane Hines, a los 24 años de edad, llegó a Guaymas para colaborar en la obra y para ser profesora de los niños Elliott. Trágicamente murió de una fiebre muy alta y fue sepultada en Guaymas el año 1902, poco tiempo después esta epidemia de fiebre reclamó la vida de dos niños de los Elliott, que fueron sepultados a lado de su profesora.

La revolución en México, obligó a los hermanos Elliott a salir del país en 1909. Sin embargo, estos hermanos continuaron sirviendo al Señor durante el resto de sus vidas, publicando literatura evangélica, hasta que el Señor los llamó a su presencia. El hermano Benjamín Elliott falleció en Los Ángeles en 1926 a los 68 años de edad. La hermana Georgia falleció en Altadena, California, en 1961.

El hermano Alfredo Vélez, primer ministro de la Iglesia de Dios en México, fue ordenado en San Diego, California, en 1932. En el año 1936 realizó un bautismo en el noreste de México, donde 12 personas tomaron el paso de obediencia ante el Señor. Luego el evangelista A T. Maciel fue el instrumento que Dios utilizó para establecer las primeras congregaciones en la región noreste.

Otro representante a destacar de la Junta de Misiones Domésticas era David W. Patterson, director de la construcción de los primeros Templos (1946-1955) Actualmente en México existen 28 congregaciones, de las cuales 21 se hallan en áreas urbanas y 7 en áreas rurales conformando un grupo de hermanos de 1.469; además

México

se hallan en el ministerio en todo el país 28 pastores. Dentro de las instituciones a destacar que actualmente funcionan en pro del avance de la obra están las siguientes:

1- El Instituto Bíblico La Buena Tierra en Saltillo, Coahuila, establecido por los hermanos Mauricio y Dina Caldwell en 1954, que fuera apoyado por la Junta Misionera de Anderson, Indiana, Estados Unidos, atendiendo a la súplica de los obreros Mexicanos, hoy casi todos los pastores que están sirviendo en la obra son graduados de La Buena Tierra.

2- Instituto Bíblico La Buena Tierra, Mexicali, Baja California Norte, establecido por la Región Noroeste. El hermano Jacobo Vázquez es el director del mismo. Este Instituto fue establecido en el año 1990. Estas instituciones tienen el propósito básico de capacitar obreros, pastores, evangelistas y educadores cristianos.

Entre otros aspectos importantes de la Historia de la Iglesia de Dios en México, merece tener presente a la hermana Amalia Valdez de Vázquez, que llegó a Saltillo en el año 1950, y por más de 35 años ha colaborado como directora de Escuelas Bíblicas de Vacaciones, pastora, misionera y profesora en La Buena Tierra. Colaboró activamente escribiendo artículos en la revista **LA TROMPETA** y tradujo varios folletos y libros que ha sido de gran bendición para la obra.

El Templo en la ciudad de México (Jardín Balbuena) fue dedicado en 1970 como parte de la "Década de Avance de la Iglesia de Dios en América Latina". Esta Iglesia se inició en el hogar de los misioneros Caldwell en 1967, además es de destacar que recibió a la V Conferencia Interamericana en el año 1971 y conjuntamente en el mismo año la iglesia nacional hospedó a la V Conferencia Mundial.

Merece mención en la historia de la Iglesia de Dios en México el hermano Mauricio Caldwell, puesto que se relacionó directamente con **LA TROMPETA,** medio que ha mantenido la unidad del pueblo de la Iglesia de Dios. Desde 1954 a 1972, editaba la revista además de servir como director y profesor de institutos Bíblicos en México y Brasil. Mientras tanto, su actividad en el departamento de misiones apoyaba la obra de la Iglesia de Dios en toda la región.

Indudablemente que son muchos los hermanos a reconocer en el avance de la obra de la Iglesia de Dios en México, mucho aún resta por hacer, sin embargo el anhelo ferviente de nuestros pioneros no

Conozca La Iglesia de Dios en América Latina

debe ahogarse, sino encender cada día entusiasmo por la predicación de la Palabra impulsado por el poder del Espíritu Santo, sin olvidar nunca la Gran Comisión que Cristo encomendara a los suyos "... Id y haced discípulos...."

A principios del Siglo 21, líderes del movimiento mexicano anhelan mantener el impulso de la Gran Comisión. Su visión es de hacer discípulos a través de la plantación de nuevas obras. Al momento de redactar la segunda edición de *Conozca*, se están desarrollando nuevas congregaciones en el Distrito Federal y estado de Michoacán, con visión de continuar con obras nuevas en Aguascalientes, Jalisco y Sinaloa.

Estas son las mismas regiones que están plagadas por los notorios carteles de narcotraficantes, por ende, el Pastor Miguel Cuevas y su señora Esperanza, plantadores de iglesias pioneros en Villa Italia, anhelan abrir escuelas cristianas juntamente con nuevas iglesias. Enseñar la Biblia a los niños y jóvenes desde lunes a sábado es la mejor – quizás la única – estrategia eficaz para rescatarlos de las tentaciones del tráfico de drogas, afirma el hermano Miguel.

Se organiza la Iglesia de Dios en tres regiones principales de México. El Noreste, con Saltillo como sede, es la más grande en membresía, seguida por Región Central que incluye la capital del país, y Baja California donde se ubica el antiguo eje de la obra, que es Ensenada.

Dirección de la sede nacional es: Blvd. V. Carranza 3181, Col. La Salle, Saltillo, COAH 25.000 MEXICO. Existen 57 congregaciones en las cuales adoran 5.000 personas (estimado) en los cultos dominicales.

Redacción de Víctor Ruzak, con reportajes.

México

Mauricio Caldwell y su señora y Dondeena Fleenor, misioneros que ayudaron establecer La Buena Tierra México, primer instituto teológico con ese nombre de la Iglesia de Dios en América Latina, y el Instituto Boa Terra de Brasil. Una parte de sus 35 años de servicio misionero se dedicaba a la administración de la Junta Misionera en Anderson, Indiana. Mauricio servía como primer Coordinador Regional para América Latina hasta su "jubilación" en 1988, cuando aceptó el puesto de profesor de Español en la Universidad de Anderson. Servía por 15 años como miembro de la Junta Directiva de la Universidad. En ese periodo, los Caldwell organizaban 37 viajes estudiantiles a campos misioneros, visitando México y los demás países de América Latina que todavía llevaban en sus corazones.

Mauricio cumplió su carrera terrenal en septiembre de 2018.

Alumnos de "Sembradores," innovador programa de capacitación para formar líderes cristianos, pasan una clase de fin de semana en las instalaciones de la Iglesia de Dios La Buena Tierra en Saltillo, Coahuila. Foto cerca 2010.

Conozca La Iglesia de Dios en América Latina

Nicaragua

Fundación: 2003

Congregaciones: 2

Membresía: 180

Nicaragua

CONTACTOS IMPORTANTES ENTRE NICARAGUA Y LA IGLESIA DE DIOS DATAN desde los años 1960. Después del devastador terremoto de 1972, la misión norteamericana *Project Partner* organizó ayuda humanitaria para el país, canalizándola a través de una iglesia evangélica independiente. En 1998, la Iglesia de Dios en Panamá envió la familia Hodgson a realizar una misión evangelística en la ciudad de Bluefields en la costa caribeña.

Sin embargo, no existía una congregación comprometida con el Movimiento de la Iglesia de Dios en este país centroamericano hasta 2003.

En ese año, llegaron desde Costa Rica Guillermo Herrera, su señora Juanita Blanco y sus dos hijos Lesly y Xochilt. Ciudadanos nicaragüense, los Herrera habían residido varios años en el país vecino, donde conocieron la Iglesia de Dios. Se formó un consorcio misionero compuesto de Misiones Globales en Anderson, la pareja misionera Wayne y Kathi Sellers, y la iglesia costarricense para enviar a los Herrera como misioneros a su país de origen.

Tenía enfocada Villa Madre como punto para iniciar la obra en Nicaragua. La primera congregación fue fundada en Jinotepe y hasta el momento de esta redacción, goza del liderazgo pastoral de Guillermo y Juanita Herrera. Una segunda congregación nació después en Granada, pastoreada por Lesly Herrera y su esposa, María.

Guillermo y Blanca Herrera

Por David Miller, con material extraído del libro Into All the World: A century of Church of God Missions (*Hasta Todas las Naciones: Un siglo de misiones de la Iglesia de Dios*) *por Lester Crose, Cheryl Johnson Barton y Donald Johnson.*

Lesly y Xochilt Herrera dirigen la música en un culto de alabanza en la Iglesia de Dios, Jinotepe, Nicaragua.

Panderetas guían una presentación musical durante una campaña evangelística al aire libre. Foto cerca 2009.

Panamá
Panamá

Fundación: 1910

Congregaciones: 13

Membresía: 909

Conozca La Iglesia de Dios en América Latina

LA OBRA DE LA IGLESIA DE DIOS EN PANAMÁ TIENE SUS COMIENZOS DESDE EL AÑO 1908. Se fundó la primera congregación el mes de Septiembre de 1910 y los responsables del inicio de esta obra son los hermanos Brewster.

La hermana Ethel Robinson, ex-pastora de la congregación de Nueva Provincia en Colón, menciona que la Iglesia de Dios desde sus comienzos siempre fue una congregación llena de amor y hermandad. A pesar de los momentos difíciles que la iglesia tuvo que enfrentar en el correr de los tiempos, gracias al poder de Dios y al amor fraternal de los hermanos, la iglesia obtuvo las victorias. Ya marcha hacia adelante.

La Iglesia de Dios en Panamá por muchos años estuvo bajo la dirección y supervisión de las misiones extranjeras, que por medio de los misioneros enviados al lugar se esforzaban para lograr el crecimiento y madurez espiritual de las congregaciones.

Cabe mencionar algunos nombres como A.E. y Rebecca Rather, Ellis, Keith y Gloria Plank, Dean y Nina Flora, Ronald y Ruth Shotton, Vernon y Cathy Allison, y Leonard y Sylvia Roache. Los hermanos Rather, Plank y Ellis fueron los primeros misioneros en el país y los hermanos Flora fueron los que más tiempo han estado en el ministerio misionero en Panamá (1959-75).

Dean Flora fue el fundador de la obra en San Blas, donde en sus tiempos la Iglesia de Dios alcanzó a establecer aproximadamente 14 congregaciones. Lamentablemente hoy existen en la zona solamente tres.

A partir de los años 1980, la iglesia panameña realizaba un ministerio de caridad llamado "Padres Ágape." Una proyección social hacia las necesidades socio-económicas de los niños desprotegidos, el objetivo principal fue lograr que muchos hogares conozcan el evangelio de Jesucristo y sus familias sean añadidas al Reino de Dios.

La Iglesia en Panamá ha sufrido muchas luchas y en el transcurso de las mismas, grandes pérdidas de membresía. Sin embargo, actualmente la Iglesia de Dios en Panamá sigue predicando la Palabra y evangelizando con el único objetivo de ganar almas para el Señor.

La Iglesia de Dios en Panamá se ha extendido hacía varias provincias del país. Hoy día se cuenta con 13 congregaciones,

Panamá

distribuidas en las provincias de Panamá, Colón, Veraguas y Chiriquí, y las comarcas de Cuna Yala y Ngabe Buglé, donde desarrollamos actividades de capacitación, evangelismo y misiones a nivel nacional. Dos nuevas obras, en Sorá de Chame, provincia de Panamá y Río Gatún en Colón, se consideran misiones.

Cada mes se reúnen los pastores para coordinar información sobre diferentes temas relacionados con la visión y misión que vienen desarrollando. El cuerpo pastoral luego de mucha oración y ayuno, ha aceptado el desarrollar y seguir una hoja de ruta de parte de Dios, donde involucra la expansión y crecimiento de la obra en el país. Además, anhelan que lo sobrenatural de Dios se mueva en cada uno de nosotros.

En los últimos años, la iglesia ha estado en franco crecimiento. "Dios está haciendo grandes cosas y nos da estrategias y personas para llevar a cabo lo que nos ha mandado a hacer, que es el ganar almas," informa Robert Christi.

"Decidimos seguir a Cristo, sin importar las circunstancias."

En enero de 2014, Dios mostró a la iglesia un hermoso lugar denominado Sorá donde está plantando una congregación. Están ocupados en esta obra Robert Christie y su esposa Yalisa, con sus hijos. Reportan que están viendo de gran manera la mano poderosa de Dios cada día.

Ernesto Masceno y su esposa han estado por más de 40 años sirviendo fielmente al Señor como pastores en la región conocida como la Costa Abajo de Colón, específicamente en el área de las Crucesitas a orillas del Río Indio. Realizan misiones en ese sector donde la Iglesia de Dios en Panamá fue una de las primeras en llevar las buenas nuevas de Jesucristo a sus lugareños. Los Masceno manifiestan que hasta lo último de sus días servirán a Dios "con todo."

En la Comarca de Ngabe, comunidad ubicada entre las provincias de Bocas del Toro y Chiriquí, se encuentra Santiago Lima y su esposa, quienes están a cargo de la congregación de Escobal. Reportan un gran avivamiento en este hermoso lugar en las montañas. Maestro de profesión, el hermano Santiago no sólo pastorea, sino también imparte clases a todos los niños del área. Ha establecido una escuela multigrada donde también trabajo como director.

Conozca La Iglesia de Dios en América Latina

El anciano Orlando Saucedo ha visitado el sitio múltiples veces, llevando la Palabra y donaciones que los diferentes hermanos han aportado para ayudar a la comunidad. Dios se está moviendo grandemente en las comarcas. Según su informe, muchos residentes se convierten al Señor y casi de inmediato salen y pregonan la poderosa Palabra de Dios.

Se mantiene la unidad entre las congregaciones mediante celebraciones unidas. Por ejemplo, en marzo de 2016, se celebró un culto unido en el Templo Aposento Alto en Cativá, Colón. Cándido Camacho y su esposa Isabel pastorean esta congregación. Otra celebración unida se realizó en el Templo Rey de Gloria de la Iglesia de Dios en Panamá Tocumen, y en septiembre de 2016 se realizó la Convocatoria Nacional en Chiriquí.

Como en todos los lugares del mundo la iglesia enfrenta diversidades de pruebas, es fundamental tener presente los sabios consejos del Padre, para que en los momentos decisivos el avance de la iglesia de Dios no se detenga. "Mira que te mando que te esfuerces y que seas muy valiente, no temas ni desmayes, porque Jehová tu Dios estará contigo en donde quiera que tu vayas" (*Josué 1:9*)

- *Por los editores, con reportajes de Robert A. Christie Jr. y Francisco Pitty.*

Panamá

Conocido como "La Encrucijada del Mundo" por el famoso canal interoceánico que atraviesa el istmo, Panamá goza de una robusta economía basada en el transporte de alta mar, el comercio internacional y los servicios financieros. Hoy en día, la ciudad de Panamá parece otra Nueva York, gracias a las empresas bancarias que operan en la orilla del Pacífico.

Las congregaciones panameñas regularmente celebran Cultos de Unidad. Cándido Camacho presidía este encuentro en Villa Guadalupe en 2009.

Conozca La Iglesia de Dios en América Latina

Paraguay

Fundación: 1975

Congregaciones: 14

Membresía: 2.200

Paraguay

LA OBRA MISIONERA DE LA IGLESIA DE DIOS EN PARAGUAY COMENZÓ CUANDO los pioneros, Hermanos Josef Krebs, Carlos Lanz y otros, mantenían contactos con hermanos de éste país. Fue precisamente en el año 1975 cuando la Misión Argentina envió a los hermanos Valdemar y Emi Obermann ha Obligado para realizar cultos en forma periódica y edificar el Templo sobre el terreno que el año anterior habían adquirido.

En Marzo de 1977 les reemplazan los argentinos, Martin y Tabita Kurrle para continuar con el trabajo iniciado. La construcción del primer templo concluyo en ese año en Colonia Obligado, de Itapúa, inaugurándose con la presencia del pastor de Alemania Erich Gajewski. Luego en 1978, la iglesia de Obligado ayuda comprar una quinta en Col Dr. Raúl Peña, Alto Paraná. Campamentos de trabajo de Obligado y Argentina vinieron para ayudar en las construcciones en la zona de selva en Raúl Peña, y alrededores.

En 1982 la familia Kurrle se traslada a Raúl Peña y sigue el trabajo con cultos y evangelizaciones. Comenzaron una escuela en 1984 para así facilitar una escuela cristiana para la zona. Dios envió a una maestra creyente al principio, Dolores Frutos. Con ella se arranca bien el proyecto. El hijo de la pareja Kurrle, Norberto, de 13 años de edad, fue maestro de segundo grado. La Hermana Tabita trabajaba de maestra de primer, quinto y sexto grados. Este ministerio era una puerta abierta para llegar con el evangelio a quienes por otro medio fue imposible alcanzar.

Herberto y Erica Radke, llegan en 1985 de Argentina para pastorear la obra en Obligado. Desde los años 1990, la obra se ha extendido de Obligado hacia Bella Vista, un pueblo distante a unos 20 kilómetros. Este nuevo trabajo estaba creciendo aceleradamente. Los Radke sirvieron nueve años en Paraguay con mucho amor, y después vuelven a pastorear en Argentina.

Varios pastores sirvieron en Obligado, como los pastores Kurrle, Radke (9 años), Fabian Reversat, José Benítez y Renato Lanzarine. Un anexo de Obligado fue iniciado hace varios años con los obreros Héctor y Elena Wanderer en un barrio muy necesitado. Otro anexo fue empezado en Poromoco. Lo lidera el obrero Rubén Heil, junto con su esposa.

Conozca La Iglesia de Dios en América Latina

La obra en Colonia Consuelo, Alto Paraná, cercano a Raul Peña, comenzó en 1982 con una escuelita bíblica de vacaciones. Se realizaban los cultos en una escuela pública desde ese año. Luego se recibe de regalo dos terrenos de una compañía en el pueblo cercano a Iruña. Se ha construido un templo en el pueblo, inaugurándose en el año 1987.

La visión de Martin Kurrle era de ir de pueblo en pueblo con las buenas nuevas. Entonces, animó al Pastor Wilson de Brasil cruzar mensualmente la frontera para hacer cultos, en Katueté, departamento de Canindeyú. Los misioneros brasileños, Alcirio y Marise Hobus llegaron en 1992 para pastorear la naciente iglesia.

Lograron extender el trabajo a varios anexos en la selva de esa zona. En al año 2000, los Hobus se trasladan a Ciudad del Este, para dirigir la construcción del templo, junto con los hermanos de St. Joseph, Michigan, E.U.A.

El trabajo se extendió a Katueté, Canindeyú. En 1988, fueron enviados de Brasil los hermanos Ronaldo y Heidi Wengrat para hacerse cargo del ministerio pastoral en esa zona, ya que la población de la colonia era un 90 por ciento inmigrantes brasileños

La pareja Wengrat laboraron fuertemente y en 1995 son trasladados a Santa Rita donde servían otros 10 años más. En total trabajaron con muchos esfuerzos por 17 años antes de volver entonces a Brasil.

En el año 2001, Aurio y Miriam Troche, empezaron a pastorear en Katueté. El año siguiente fueron a servir en Raúl Peña hasta 2005. Sirvieron después al lado de Donaldo Franz en un anexo de Encarnación, para luego ayudar en la central. A partir de 2015 están sirviendo en Obligado.

Silas y Nancy Siqueira llegan a Katueté en 2010 para pastorear allí. Lideraron juntamente con la iglesia de St. Joseph (EE.UU.) la construcción del hermoso templo.

El terreno de la iglesia en Santa Rita fue donada por una iglesia de Alemania. Vino una iglesia de Salem Ohio, E.U.A, en dos viajes de campamento para ayudar en la construcción del templo.

"Alabamos a Dios por los hermanos dadores de otros países," dijo Martin Kurrle. "Ronaldo [Wengrat] era un pastor que estiraba el dinero como una gomita para abarcar mucho. ¡Aleluya!"

Paraguay

En 2005, Alcirio y Marise Hobus se trasladaron a Santa Rita, donde están hasta ahora. La iglesia ha crecido mucho en esta ciudad y cuenta con la construcción de un templo nuevo, muy amplio. Tienen también muchos líderes que ayudan en servir y predicar, un programa de células, ministerio de encuentros, y el trabajo radial. En Septiembre del año 2011, se realizó la Conferencia Interamericana de la Iglesia de Dios (CIID) en Santa Rita.

La pareja Kurrle trabajó en Raúl Peña y anexos arduamente hasta el año 1998, cuando deciden ir a vivir y ayudar en Bella Vista. Los pastores que siguieron por algún tiempo después, guiando la escuela y la iglesia fueron Alberto y Venice Klassen. También sirvieron Aurio y Miriam Troche, Lotario y Beti Hobus y otros. Ayudó también el obrero Anastasio Gómez con el trabajo juvenil.

Los fieles de la iglesia allí desde aquella época hasta hoy en día son familias de Nei y Rosane Ohlweiler, Mario y Vania Wanderer, y Aldo e Isolde Saatkamp. Ellos siguen sirviendo, a pesar de que muchos miembros volvieron a vivir en Brasil.

En Bella Vista han servido varios pastores, entre los de más tiempo, Silvio Rojas, Lauro Ernst, Martin Kurrle, y Enrique y Priscila Navarrete. Actualmente una pareja de Argentina, Oscar y Alba Vargas está trabajando. La iglesia cuenta con varios puntos de predicación y anexos, con trabajo con niños, jóvenes, adultos e indígenas. Un grupo numeroso de obreros ayuda en los anexos en el trabajo juvenil y con la música de alabanza.

De Bella Vista se extendió también el evangelio a Barrio Grevilea, donde Julián y Mirian Martínez están sirviendo desde 2012 con muchas actividades, y un lindo crecimiento.

José y Teresa Roa asumieron el pastoreado de la iglesia en Ciudad del Este desde 2005, sirviendo con sus hijos con alegría en un lugar tan necesitado. Ciudad del Este es una ciudad lleno de problemas, entonces hacen mucho trabajo social. Su hijo Gerson y su esposa cooperan en el liderazgo con trabajo juvenil.

"Desde su inicio en 1975 y por 20 años después, el trabajo misionero en Paraguay se hizo con muchas dificultades," explica Martin Kurrle. "Los caminos estaban intransitables en tiempos de lluvia, había falta de energía eléctrica, y se realizaban viajes largos a

Conozca La Iglesia de Dios en América Latina

las ciudades más grandes para buscar un correo postal, o herramientas, o productos que no se podía encontrar en las selvas." "Además, padecíamos la persecución de otras iglesias. Buscábamos a personas o iglesias en el exterior para ayudarnos." "Pero, ¡la obra fue avanzando! Hoy día ya hay mejores caminos y más luz eléctrica. Gracias a Dios que también se agregan muchas iglesias evangélicas trabajando en Paraguay."
Damos gracias también por *First Church of God* de St. Joseph, Michigan, E.U.A. que vino en cinco oportunidades para construir hermosos templos y una vez para pintar las oficinas de la radio."
La Iglesia Menonita regaló terreno a la Iglesia de Dios en Naranjal, Alto Paraná, y un templo ya edificado. La Iglesia de Dios de Alemania ayudó comprar la casa pastoral al lado. La pareja Sinning de Alemania sirvieron de pastores en Naranjal por un tiempo. En el año 1999, Marcos Kurrle asumió la obra en Naranjal.
Se casó con Cristiane en 2000 y la pareja lideró la obra hasta 2006. Empiezan con una *Hora Feliz* en la plaza. Después sirvieron varios pastores por cortos tiempos, hasta que Rogerio y Silvana Rodríguez asumieron el trabajo por varios años, antes de ir a Francia como misioneros.
En el año 2015 Enrique y Priscila Kurrle Navarrete asumieron la obra en Naranjal. Actualmente ayudan supervisar la obra en Iruña. Los líderes Leonardo y Débora son co-pastores, ayudando en muchas actividades.
La familia de Marcos y Cristiane Kurrle se trasladaron a Asunción en 2006 para fundar una obra con niños y adolescentes. En enero de 2013, llegaron a Obligado para liderar la Radio Alternativa. El año siguiente, Cristiane inició en la radio como directora.
Al salir los Kurrle de Asunción, los líderes Rony e Ires Irusta siguieron liderando este trabajo juvenil hasta octubre de 2016. Actualmente Mateo y Evelyn Schroder, Ricardo y Nila Kurrle Sparling, y Natalia Ruiz apoyan este trabajo.
En el año 1999, se empieza la Radio Alternativa, con el arranque de la familia Franz (Rubén y Elsa y Walter y Rosi), juntamente con Martin y Tabita Kurrle. Hoy en día la radio ha traído bendiciones a cientos de personas bajo la dirección de Arnoldo Follier, Donaldo Franz, Norberto Kurrle, Renato Lanzarine y Marcos Kurrle.

Paraguay

A principios del siglo, un grupo de hermanos iniciaron cultos en un edificio alquilado en Encarnación. Después de algunos meses, Donaldo y Silvia Franz volvieron de Florida, E.U.A. para pastorear allí. La obra en Encarnación ha crecido mucho. Hay un programa intenso de células, cursos, encuentros, evangelismo y un seminario mensual.

Ahora los Franz trabajan con varios anexos, dos escuelas (Itapaso, y Barrio San Pedro), y con un canal de televisión. Han construido un centro de estudio con hogar de residencia, donde ofrecer 10 meses de estudios a graduados de la secundaria para analizar en cuál ministerio o profesión Dios les quiere emplear.

Norberto y Julie Beam de Kurrle llegaron de los Estados Unidos a fines de 2002 para conducir la Radio Alternativa. La operaron hasta comenzar en 2010 a liderar el Instituto Bíblico ICCI en Obligado. Asumieron el pastorado de Obligado entre 2011 y 2013.

El 18 de abril de 2012, falleció Julie Kurrle en un accidente de tránsito, juntamente con su hijito Timothy, dejando a Norberto y su hija Anahí.

"Julie dejó un legado tremendo de servicio y abnegación," afirman sus suegros Kurrle. "Luchaba por el Instituto ICCI, el Programa *Niños de Promesa* y muchos proyectos más en Paraguay."

Un legado es el establecimiento de la escuela Timothy's School en Obligado. Además de aportar una excelente educación a niños de mediano y poco recurso económico, sirve como brazo de evangelismo para la Iglesia de Dios.

"La eternidad nos revelará su amor y dedicación incansable a la obra en Paraguay," afirma su familia.

Niños de Promesa (*Children of Promise*), con sede en Anderson, Indiana, E.U.A, suple las necesidades básicas de 100 niños en Paraguay. La obrera Sandra Greve supervisa con mucho amor este trabajo.

En 2011, se empieza una nueva obra en Triunfo 43, donde Víctor y Delia Zarate pastorean. Tiene buen crecimiento hasta la fecha. La iglesia de St. Joseph, E.U.A. ayudó construir allí un hermoso templo en 2015.

La Organización JID (Jóvenes de la Iglesia de Dios en Paraguay) organiza un campamento anual en el mes de enero, Trayendo desafíos misioneros a los jóvenes. Marcos Kurrle con un equipo fiel

Conozca La Iglesia de Dios en América Latina

están al frente de este esfuerzo. Se compone de Lourdes Torres, Sonia Portillo, Yoellin Wanderer, Rosana Rolon, Rosi Dani McDonald y Nila Kurrle, entre otros.

En 2016, eligieron a Norberto Kurrle presidente de la Paraguaya Misionera de la Iglesia de Dios. Lourdes Torres sirve de Secretaria y Enrique Navarrete de Tesorero. Norberto atiende a las iglesias con consejos y apoyo a los pastores.

En 2017, La Iglesia de Dios cumplió 41 años de presencia en Paraguay. Dios está bendiciendo la obra. Existen congregaciones con templos y pastores en 14 ciudades; cada iglesia tiene uno o más anexos. La membresía total es de aproximadamente 2.200 personas. Con los anexos y oyentes de programas radiales y televisivos, la Palabra de Dios llega a miles más.

Paraguay es un campo fértil para la siembra de la Palabra de Dios y muchos han sido los hermanos que han aportado su ayuda ministerial en la obra. "El país está abierto al evangelio, y seguimos todos muy conscientes de que debemos evangelizar con todas nuestras fuerzas," comenta Martin Kurrle.

Las dificultades naturales y espirituales que se han superado son muestra de las múltiples bendiciones de Dios.

"Pedimos oraciones por Paraguay," dijo Martin Kurrle. "Agradecemos a Dios por los hermanos de toda Iglesia de Dios que están en la Confraternidad Interamericana en los países de habla hispana."

"Seguimos firmes yo adelante, huestes de la fe."

- *Por los editores, con reportajes de Martin y Tabita Kurrle.*

Paraguay

Martin Kurrle y Tabitha Meier de Kurrle, misioneros pioneros en Paraguay.

La Iglesia de Dios en Encarnación, Paraguay, pastoreada por Donny y Silvia Franz, cuenta con la mayor asistencia semanal de las congregaciones de la Iglesia de Dios en América Latina. Ha plantado 10 iglesias hijas y administra 2 escuelas cristianas. En 2017, abrió el Centro de Entrenamiento 360 para que graduados del secundario puedan profundizar su compromiso con Cristo y buscar la voluntad de Dios para el próximo paso de la vida.

Conozca La Iglesia de Dios en América Latina
Perú

Fundación: 1962

Congregaciones: 58

Membresía: 2.260

Perú

DESDE EL AÑO 1958 COMENZÓ A HABER ACTIVIDADES DE LA IGLESIA DE DIOS EN el Perú. En el año 1962 se fundó la primera iglesia, los responsables fueron los hermanos Pablo y María Butz. Estando en California, EE.UU, en el año 1954, los hermanos Butz sintieron el llamado de Dios a la obra misionera. En 1955 el Señor les indicó el Perú como el campo misionero al que debían ir. Obedientes al llamado de Dios y por medio su fe, dejaron los Estados Unidos, y viajaron por sus propios medios al Perú con sus cincos hijos, cuyas edades estaban entre los 4 y 16 años. En el año 1958 llegaron a Tournavista. En 1962, se trasladaron a un pueblecito sin nombre. Entonces ellos mismos le dieron el nombre de "Campo Verde," estableciendo así la primera Iglesia de Dios en el Perú.

La familia Butz eran miembros de la Iglesia de Dios en los Estados Unidos. Convencidos del valor doctrinal que ella presentaba al mundo y a la Iglesia misma, decidieron por fe ir al Perú sin apoyo de ninguna organización misionera. Fue recién en el año 1971 que la Junta Misionera de la Iglesia de Dios de Norteamérica ofreció su apoyo para la obra en Perú.

En 1968 se fundó el Instituto Bíblico "La Buena Tierra" para la preparación de líderes peruanos para la vida cristiana y para la formación del ministerio de la iglesia. Actualmente la Iglesia de Dios en el Perú cuenta con aproximadamente 58 congregaciones, de las cuales 9 se hallan en lugares urbanizados y las restantes en zonas rurales. La obra de la Iglesia de Dios en el Perú cuenta con 60 obreros reconocidos en el ministerio pastoral, entre los líderes al frente de las congregaciones se hallan pastores y obreros laicos.

La Iglesia de Dios en Perú se hallaba activa y en crecimiento por medio de los diversos ministerios, tanto de la predicación de la Palabra como de las ayudas de actividad social. Entre los ministerios más sobresalientes se hallan

- El Instituto Bíblico "La Buena Tierra" fundado por los hermanos Butz en el año 1968 con el objetivo fundamental de preparar líderes para la educación cristiana de la iglesia y la predicación del evangelio.

Conozca La Iglesia de Dios en América Latina

2- Agape-Parents. Fue un sistema de niños patrocinados. La entidad de beneficio fue fundada por la hermana Carmen Cabanillas en el año 1985 para niños carenciados.

3- Campamentos de trabajos y de atención médica-dental atendidos por médicos voluntarios. El objetivo de estos campamentos es de ayudar a las familias humildes a levantar sus casas, y en los lugares de obras nuevas de ayudar en la construcción de templos. Este departamento fue fundado por el hermano Salomón Cabanillas en el año 1972.

Definitivamente la intención de todos estos ministerios era la formación moral, intelectual y espiritual de los niños, jóvenes y adultos que lo necesitan. Así mismo, intentaban apoyar especialmente a niños materialmente y espiritualmente humildes, sean creyentes o no.

Al mencionar estos ministerios se debe destacar que la iglesia del Perú brindó apoyo a la naciente obra misionera del Ecuador mediante el dictado de cursos para líderes y en seminarios por extensión ofrecidos por el pastor Nicolás Pérez.

Los esposos Cabanillas, graduados del Seminario Evangélico de Lima (1955), iniciaron su ministerio pastoral en la Iglesia de Cristo. Sintieron el llamado del Señor para iniciar la obra como parte de los colonos en Tournavista en el año 1958. Más tarde se conocieron con la familia Butz, uniéndose definitivamente a la obra de la Iglesia de Dios en el año 1963. Colaboraban en la formación de líderes nacionales, comenzando en Campo Verde y luego en el Instituto Bíblico "La Buena Tierra Peruana." En el año 1972 se trasladaron a Lima, capital del país, desde donde comenzaron a realizar los trabajos de planificación para el desarrollo y avances de la Iglesia de Dios en Perú hacia los puntos cardinales del país, al norte (Chepén), al sur (Arequipa) y al nororiente (Rioja y Jaén).

La obra de la Iglesia de Dios en Perú se estableció gracias a las múltiples bendiciones del Altísimo. Además hubo un hombre y su señora que supieron responder sin titubeos al llamado de Dios para internarse en estas tierras, acompañados con un mensaje vivo y eficaz del mensaje bíblico del Movimiento Reformador de la Iglesia de Dios.

Perú

Merece tener en cuenta las palabras del Señor: "No temas, porque yo estoy contigo; No desmayes, porque Yo soy tu Dios que te esfuerzo; siempre te ayudaré, siempre te sustentaré, con la diestra de mi justicia" (*Isaías 41:10*).

- *Nicolás Pérez Sánchez aportó el material para esta redacción.*

Conozca La Iglesia de Dios en América Latina

Paul (Pablo) Butz llegó a Perú en 1958 para trabajar con Le Tourneau, empresa multinacional de construcción civil. Su empleo sostenía la familia para que pudiera realizar su vocación misionera. Pablo servía continuamente como misionero hasta su muerte en Ucayali en septiembre de 2015 a la edad de 98 años. Se cree que su ministerio de 58 años ha sido el más largo de todos los misioneros transculturales de la Iglesia de Dios a nivel mundial.

En 2001, la Iglesia de Dios en Chepén inauguró el D.S. Warner School (edificio de cuatro pisos a la izquierda) para ofrecer una educación con principios bíblicos a los niños de esta ciudad en el norte de Perú. Al momento de la redacción, estudian 180 alumnos en sus cursos básicos, desde iniciales hasta primarios. Nicolás Pérez, junto a su esposa Telvi, pastorea la congregación.

Puerto Rico

Fundación: 1967

Congregaciones: 4

Membresía: 350 (est.)

Conozca La Iglesia de Dios en América Latina

EN EL AÑO 1966, SE INICIÓ EL MOVIMIENTO REFORMADOR DE LA IGLESIA DE DIOS en Puerto Rico. La primera congregación se fundó en el año 1967. Los hermanos E. Earl Carver y su esposa Freda D. Carver fueron responsables de este inicio. Los Carver habían servido como misioneros en Cuba de 1952 hasta 1960. Tuvieron que salir de Cuba a causa del sentimiento antiestadounidense que aumentó cuando el gobierno castrista asumió el poder. Ellos expresaron su deseo a la Junta Misionera de los Estados Unidos de ir a Puerto Rico, pero éstos no tenían interés de hacer algo hasta el año 1966. Fue entonces que les ofrecieron a los Carver para trabajar en Puerto Rico. Hasta aquel entonces, la Iglesia de Dios no había tenido obra alguna en ese país.

Entre sus experiencias, los misioneros habían observado que los puertorriqueños en el área de Caguas estaban especialmente abiertos al evangelio. Los primeros esfuerzos que realizaron allí dieron gran resultado. Sin embargo, los altos precios de las propiedades y costos de construcción presentaron un obstáculo para establecer nuevas obras en ese país.

Por medio de una combinación de asistencia de la Junta Misionera de los Estados Unidos, hermanos norteamericanos interesados, y los fondos que lograron recaudar los mismos hermanos de Puerto Rico, varios templos se erigieron para la honra de Dios. Al momento de la redacción, la Iglesia de Dios cuenta con cuatro congregaciones que se encuentran en las regiones de Caguas y Aguas Buenas.

Por un tiempo, la iglesia operaba una academia de enseñanza primaria hasta el sexto grado, pero debido a los altos presupuestos no se ha podido mantenerla. Los hermanos Carver la habían establecido inicialmente como centro de cuidado para niños en horario diurno. Los misioneros Yates la extendieron como centro de escuela primaria. Bill Konstantopoulos y Joseph Mattox siguieron como directores, antes de que el proyecto fuera abandonado.

La primera Iglesia de Dios se formó en Turabo Gardens, Caguas en l967. Después de estar bien fundada esta congregación, los Carver se ocuparon en otras actividades, dejando el ministerio de esa a otros pastores, entre ellos E. Marciano Yates, Bill Konstantopoulos, Joseph Mattox, Paul Zoretic y Eliezer Rivera.

Puerto Rico

La segunda congregación que se formó fue la de Mariolga, Caguas. Los Carver y otros ayudaron al hermano Miguel Ángel Cotto en la formación de esta congregación. La tercera congregación se formó en Tomás de Castro, área rural en el municipio de Caguas. La hermana Claudina Ocasio de Rivas fue la promotora de la fundación de esta congregación. Los Carver fueron quienes apoyaron en sus primeros pasos y con el tiempo el hermano Pilar Molina llegó a ser el Pastor de la misma. Estas tres congregaciones se unieron en la cooperación para fundar así la cuarta congregación en Puerto Rico, en el municipio de Aguas Buenas. La Iglesia de Dios en Puerto Rico sigue adelante.

Estos datos han sido suministrados por el hermano E. EarI Carver.

Conozca La Iglesia de Dios en América Latina
República Dominicana

Fundación: 1983

Congregaciones: 15

Membresía: 1.624

República Dominicana

TODO COMENZÓ CUANDO NACIÓ EN EL CORAZÓN DE ALGUNOS HERMANOS latinos la inquietud de abrir una nueva obra en un país donde la Iglesia de Dios aún no la tuviera. En una de las convenciones de la CIID realizada en Brasil en 1980, se aprobó oficialmente que República Dominicana sería el primer campo misionero de la CIID. El hermano Isaí Calderón, presidente de la CIID electo ese año, fue el responsable de organizar el asentamiento de esa nueva obra.

Dios proveyó maravillosamente los medios y los contactos necesarios con hermanos y amigos de República Dominicana y Estados Unidos para que apoyaran financieramente esta obra. De manera muy especial, Dios usó al hermano Billy Frank de Estados Unidos para promover este emprendimiento entre los hermanos de su país. Muy pronto se lograron obtener los fondos necesarios para la compra de un terreno de 1.000 metros cuadrados en Sabana Perdida, nueva urbanización de la ciudad de Santo Domingo.

Se organizó el primer campamento de trabajo para los días 12 al 22 de julio de 1983, organizado por los hermanos Isaí Calderón y Billy Frank. Se añadieron los hermanos Gerardo Tarón de Argentina, Secretario de la CIID, y un hermano proveniente del Brasil, Nelson Junges, por entonces Tesorero de la CIID. Además del grupo de hermanos liderado por Billy Frank, se añadieron los hermanos Caldwell y el hermano Roberto Peón Oliva. En total se conformó un grupo de 30 personas en aquel sitio donde se plantaría la primera obra de la Iglesia de Dios en República Dominicana.

Todos estaban muy emocionados en el lugar donde se edificaría el primer templo de la Iglesia de Dios, en un gran campo misionero. Se mezclaron sentimientos de alegría y de tristeza, de tristeza porque los trabajos previos de nivelación del terreno y construcción del fundamento no se habían realizado como se había contratado. Además había tristeza porque la pareja de hermanos de El Salvador, quienes serían los misioneros a cargo de la iglesia en ese lugar no podrían asumir la responsabilidad debido a inconvenientes que se presentaron con sus visas.

Los sentimientos de alegría eran motivados al ver el gran campo misionero en el que Dios había puesto a la futura iglesia. Alegraba al observar como Dios había guiado tan maravillosamente todo hasta ese momento.

Conozca La Iglesia de Dios en América Latina

Allí se hallaba el grupo, dispuesto a trabajar, pero sin poder hacer nada. No podían permanecer de esa manera todo el tiempo, así que después de un esfuerzo, se levantó una pequeña carpa en un terreno vecino y se realizó una campaña evangelística. Esto fue el día 15 de julio de 1983.

Asistieron a ese primer servicio 42 personas del lugar. El mensaje estuvo a cargo del hermano Gerardo Tarón de Argentina y la dirección del hermano Isaí Calderón de Guatemala. Los días corrían y la preocupación aumentaba. Humanamente las cosas no podían solucionarse. Así es que el grupo se puso a orar fervientemente para que Dios guiara las cosas de la mejor manera.

Por fin, el día lunes 18 de julio apareció la máquina para nivelar el terreno, pero el grupo regresaba el día 21 y lo planificado no podía hacerse más. Así fue que Dios comenzó a responder a las súplicas. Hipólito Paulino, maestro constructor quien había aceptado a Cristo en los primeros días de la campaña, vio la necesidad y ofreció sus servicios. Quedó a cargo de la construcción de la primera parte del edificio. Pero la preocupación fundamental estaba sobre quién haría el trabajo espiritual sirviendo de misionero en este lugar.

Dios tenía todo previsto. Un joven llamado Timoteo Fox, hijo de pastor de la Iglesia de Dios en Estados Unidos, trabajaba para la organización Cuerpo de Paz en República Dominicana. Participó en el campamento y fue tocado por Dios para hacerse cargo del trabajo pastoral de la nueva congregación. Dios usó maravillosamente a Timoteo en este ministerio. Sin embargo la preocupación era sobre el futuro de la obra, ya que la solución anterior era temporal. Se precisaba un misionero para ese lugar.

En el transcurso de esos días de campamento, Dios comenzó a tocar el corazón del hermano Gerardo Tarón de Argentina. Antes de que se fuera de la República Dominicana, el hermano Gerardo expresó estos sentimientos a los oficiales de la CIID. Los hermanos quedaron muy sorprendidos y emocionados a la vez. En los siguientes días, Dios confirmó por medio de su Espíritu Santo a todos que el hermano Gerardo Tarón debía ser el misionero para ese país.

Dios allanó todos los caminos para que ocho meses más tarde, el 13 de Marzo de 1984, el hermano Gerardo Tarón, junto con su esposa Olga, e hijos Timi, Graciela y Jonathan, arribaron a Santo

República Dominicana

Domingo para hacerse cargo de la obra de la Iglesia de Dios en República Dominicana.

El trabajo de la obra, tanto espiritual como material, estaba relacionado a muchas dificultades para los nuevos misioneros, pero Dios en su divina providencia concedió su gracia y poder para que la obra siempre siguiera adelante. Cada seis meses se realizaban un campamento de trabajo con los hermanos de Estados Unidos, hasta que se logró terminar el templo. El 6 de enero de 1988 fue un gran día de fiesta para la Iglesia de Dios en República Dominicana, ya que se inauguraba el templo. Esta fiesta fue doble ya que se relacionó con la Conferencia Interamericana, que se realizó por primera vez en este país.

La Iglesia de Dios en ese lugar continuó avanzando. En el año 1985, la comunidad de Sabana Perdida comenzó a pedir a los Tarón que iniciaran un colegio, considerando las instalaciones que la Iglesia poseía. Como era un sector poblacional nuevo, hacía mucha falta opciones educativas. Después de orar y buscar la voluntad de Dios, comenzaron a abrirse los caminos. El 2 de Septiembre de 1985, comenzó a funcionar el colegio solamente en el área primaria. Se inscribieron 450 niños para sus ocho aulas. Todos los años fue aumentando la demanda, hasta llegar a lo que hoy es el colegio con 13 cursos. El Kínder y la primaria funcionan por la mañana, y nueve cursos de intermedio y secundaria por la tarde. El nombre del colegio es "Bella Jerusalén."

Una segunda obra se inició poco tiempo después de que llegaron los hermanos Tarón. El 12 de junio de 1984, en un barrio cercano a la Iglesia Central, se realizó el primer culto debajo de una planta de mango frente a la casa del hermano Ramón Febles. Luego se alquiló un local, pero oraban los hermanos para que Dios proveyera de un local propio. Un día determinado, los hermanos Tarón recibieron una llamada de Estados Unidos de los hermanos Russell Rowede, mencionando que Dios le indicó que debía hacer un templo en la República Dominicana. Entonces compraron terreno. Luego, en un campamento de trabajo junto al hermano Rowede, construyeron el templo y lo techaron en dos semanas, pudiendo hacerse cultos en el mismo antes que los hermanos regresaran a su hogar. La

Conozca La Iglesia de Dios en América Latina

inauguración de este nuevo templo se realizó el 8 de noviembre de 1988.

La Iglesia Central de la República Dominicana envió a dos jóvenes, Leonardo Ramírez y Juan Santos Lugo, a la Argentina para prepararse en el Instituto Teológico Posadas de la Iglesia de Dios. A su regreso a la República Dominicana, sirvieron en el ministerio de la predicación y extensión del Reino de Dios.

Segunda iglesia en Santo Domingo

Los hermanos Leonardo Ramírez y Juan Santos terminaron sus estudios en el Instituto Teológico Posadas (ITP, ahora el Instituto Daniel Warner o IDW) en Argentina. El hermano Leonardo regresó casado con Odete Lohmann, alumna egresada también del Instituto Teológico. Viajaron a La Republica Dominicana el 17 de diciembre de 1991 y fueron instalados como pastores el día 10 de enero de 1992 en la segunda iglesia, ubicada en el sector de Moisés.

Desde entonces han estado trabajando bajo la dirección de los hermanos Gerardo y Olga Tarón. La primera multiplicación que tuvieron los Ramírez fue el nacimiento de sus dos hijos, Emily Diane y Daniel Esteban. Además de esta multiplicación biológica, Dios les ha concedido en el transcurso del tiempo desarrollar líderes con un carácter de servicio. Esta comunidad ha sido impactada, provocando un crecimiento natural en la congregación.

En 2012, el edificio fue ampliado para permitir ampliar su radio de servicios, brindando una luz para la zona y ganándose el respeto de la comunidad. Debemos decir que esto no ocurrió de la noche a la mañana. Los pastores Ramírez han enfrentado sus luchas y fracasos aprendiendo de sus propios errores a lo largo de 25 años en la misma congregación. De ella han salido dos iglesias hijas, y una tercera se desarrolla en estos momentos.

El hermano Juan Santos Lugo regresó de sus estudios en Argentina en julio de 1992 casado con la hermana Miriam Demuth, quien estudio también en el Instituto Teológico Posadas. Estuvieron como pastores asociados en la Iglesia Central junto a los hermanos Tarón. Procrearon un hijo Hernán Alexis quien es su mano derecha.

Después de estar seis años con los hermanos Tarón, fueron enviados a abrir una célula, la cual comenzó en su casa y con gran

República Dominicana

éxito se iban multiplicando. Más tarde adquirieron un terreno donde se construyó un templo, el cual se convertiría más tarde en un auditorio. Esta iglesia ubicada en el sector Elio Franco (Los Palmares) ha desarrollado líderes como característica de servir con excelencia en todo lo que hacen. Los hermanos Santos han hecho aportes importantes a otras iglesias a través de conferencias y talleres.

A la verdad, han atravesado todo tipo de problemas y dificultades, pero Dios los ha sacado en victoria. Justamente el momento de redacción, Juana Santos estaba cumpliendo 52 años de edad y 25 años de matrimonio, o sea, Bodas de Plata.

La iglesia en la Republica Dominicana ha experimentado un crecimiento sostenido en los últimos 10 años. Los misioneros Gerardo Tarón y Olga Ruzak continúan invirtiendo tiempo a la formación de líderes con carácter para la obra del ministerio. A través del Colegio Bella Jerusalén, han aportado educación de calidad, logrando que hoy día muchos de esos profesionales ocupen puestos importantes dentro y fuera del país.

En estos momentos, Jonathan Tarón Ruzak y Sofía Dolores Mañón de Tarón son pastores en la Iglesia central, junto a sus padres Gerardo y Olga. Los hermanos Tarón, junto a su hermosa familia, la cual ha crecido y multiplicado, han sobrevivido ataques y adversidades. Siguen confiando en una promesa dada a ellos por Dios a través de Jeremías 1:19: "Y pelearán contra ti, pero no te vencerán; porque yo estoy contigo, dice Jehová, para librarte."

"Estamos muy agradecidos, pues Dios ha estado siempre con nosotros," expresa el hermano Gerardo Tarón de su experiencia misionera. "Nos ha ayudado en los momentos de grandes pruebas, dándonos la victoria.

"Hay una Iglesia que ama al Señor por sobre todas las cosas. Estos son nuestros hermanos, nuestra familia. En las luchas y en las pruebas, la Iglesia de Dios en República Dominicana sigue caminado. Por ello alabamos a Dios."

Este material fue proporcionado por los hermanos Gerardo Tarón y Juan Santos Lugo.

Conozca La Iglesia de Dios en América Latina

En 1988, visitantes presentes en Santo Domingo para la Conferencia Interamericana participaron en la siembra de un árbol, como símbolo de la plantación de la Iglesia de Dios en la Rep. Dominicana. Aparece, entre otros, Gerardo Tarón (izq.) y Víctor Ruzak, el entonces presidente de la CIID.

Olga y Gerardo Tarón (centro con lentes), misioneros oriundos de Argentina, fundaron la obra de la Iglesia de Dios en la Republica Dominicana en 1982. Aquí disfrutan un momento especial con hermanos de su congregación.

Uruguay

Uruguay

Fundación: 1968

Congregaciones: 3

Membresía: 186

Conozca La Iglesia de Dios en América Latina

DESDE EL AÑO 1968, LA IGLESIA DE DIOS ESTÁ ACTIVA EN URUGUAY; SIN embargo, la primera congregación de la Iglesia de Dios fue fundada en el año 1975 por los misioneros Lawrence y Maxine Lautaret. Está ubicada en la Ciudad de San Gregorio de Polanco en el departamento de Tacuarembó. San Gregorio es una ciudad turística situada en el centro del país. Cuenta con una población de 3.500 habitantes.

A continuación el hermano Juan Carlos Labandera, actualmente líder de la obra en el Uruguay, nos relata el testimonio personal.

"Mientras construía la casa pastoral con el hermano Lautaret, él me contaba que en todas las congregaciones que había estado trabajando anteriormente, siempre Dios llamaba a una persona para que quedara al frente de la obra. En su reemplazo y antes de salir, me dijo que posiblemente yo era la persona indicada para San Gregorio.

"Faltaba todavía un mes para que él se marchara de San Gregorio y todo ese tiempo fue de grandes luchas espirituales para mí. Un día jueves cuando se terminó el trabajo en la casa pastoral, el hermano Víctor Puyol trajo un estudio sobre la vida de Jonás.

"Entonces comprendí que Dios me estaba llamando y que yo no quería obedecer del mismo modo que Jonás. Entonces acepté la responsabilidad de servir al Señor frente a la congregación en San Gregorio. Lo estoy haciendo desde el 10 de agosto de 1975."

La Iglesia de Dios en San Gregorio experimentó momentos de crisis y gloria. En tiempos antes de la llegada del hermano Lautaret, se congregaba un grupo de creyentes. Al no haber quien liderara el mismo, la dueña de las instalaciones vendió la propiedad a la Iglesia de Dios. De allí surgió el grupo que formaría la Iglesia de Dios pastoreado por la hermana Nelys Hornos de Labandera hasta la llegada del Misionero Lautaret. Estuvo al frente del trabajo unos siete meses antes de delegar la responsabilidad al hermano Juan Carlos Labandera, quien se desempeñó como pastor hasta la actualidad.

Algunos de los primeros cristianos se retiraron de la congregación, llevando consigo los muebles para formar otro grupo. Los que quedaron de la congregación anteriormente existente, construyeron los muebles necesarios para así realizar los cultos con comodidad en adelante. Gracias a las oraciones y al apoyo de hermanos argentinos se ha superado estas batallas.

Uruguay

Actualmente la Iglesia de Dios en el Uruguay cuenta con tres congregaciones en áreas urbanas, además un programa radial que se denomina *Un Pueblo Canta*. Con este, muchos hermanos que no pueden congregarse mantienen contacto con La Iglesia de Dios en San Gregorio, especialmente cuando experimentan momentos de crisis.

La obra en el Uruguay cuenta con tres pastores activos y 186 miembros. En la década de los 1980, comenzó un trabajo en el pueblo La Paloma. Predicaban la Palabra en ese lugar con visitas periódicas. Con grandes sacrificios y la ayuda del Señor, se pudo adquirir una propiedad e inaugurar un templo en el año 1984 donde se reúnen los hermanos del lugar.

Hoy en día, los pastores Juan Carlos y Nelys Labandera se encargan del liderazgo nacional de la Iglesia de Dios en Uruguay. Su congregación en San Gregorio consiste de aproximadamente 130 miembros.

TESTIMONIO
"Mi nombre es Ciriaca López de Rodríguez. Nací el 29 de Agosto de 1928 en el humilde pueblito de Greco, departamento de Río Negro, Uruguay. Éramos siete hermanos a quienes mi madre crio prácticamente sola, ya que enviudó muy temprano.

Ella no era cristiana, pero fue para nosotros un ejemplo de valor, amor y honradez. Tenía mi propio hogar en San Gregorio donde nos radicamos en el año 1955. No conocíamos a Jesús; sólo recibíamos una influencia católica.

Llegó el momento en que Sergio (mi hijo mayor), comienza a concurrir a la Iglesia de Dios y empieza a invitarme. Fue cuando los misioneros Lautaret estaban trabajando aquí. Fue así que comencé a visitar el templo y participar de cultos en el hogar de la hermana Nelys H. de Labandera. Ella siempre me invitaba y todas esas reuniones me gustaban mucho. Seguí yendo junto a mis hijos menores también (Cristina y Héctor), a quienes empecé a enviar a la escuela dominical.

En un culto especial en julio de 1976, el hermano Juan Carlos Labandera hizo la invitación de venir a Jesús. Manifesté que quería ser de Cristo. El 18 de septiembre del mismo año, obedecía con el

Conozca La Iglesia de Dios en América Latina

bautismo a cargo del Pastor Lorenzo Dos Santos durante su visita a nuestra iglesia.

Seguí afirmándome y participando cada vez más en las actividades. En reuniones de damas hacíamos manualidades y la limpieza del templo. Los sábados por la tarde apoyábamos con otra hermana una clase bíblica para niños que se daba en su hogar, y algunas veces en el mío.

Vivimos una prueba dura cuando un grupo de cristianos se separó de nuestra iglesia hacia otra doctrina. Yo con mi familia quedamos con aquel grupito que apoyaba a los pastores Labandera. Comenzamos desde allí una etapa de la cual soy fiel testigo. Hubo que vestir el templo de todo, desde las luces hasta los bancos ya que se había quedado sin nada. El hermano Juan Carlos hizo ese trabajo con mucho esfuerzo, logrando la ayuda de hermanos.

Pasaron unos años cuando nuestros pastores sufren un accidente. Un incendio les destruyó todo. A pesar de la tragedia, siento un regocijo al recordar que estuvimos allí al lado de ellos compartiendo aquella experiencia amarga. Todas estas cosas nos unieron a ellos de una forma muy especial.

Llegó después el momento cuando el Pastor nos manifestó de su visión e invitó a comenzar a evangelizar al pueblito de La Paloma. Con mucho entusiasmo realizamos nuestro primer viaje allí, en un momento para la cual Dios había guiado a mi esposo a comprar una cachila y con el auto de otro hermano fuimos de viaje. Realizamos la primera reunión en una carpa que el hermano Juan Carlos armó con los jóvenes. En la Navidad varias personas se acercaron y algunas aceptaron a Jesús

Continué apoyando con todo lo que podía, orando siempre con fe y pidiendo al Señor que nos siguiera dando fuerzas, salud y el dinero que necesitábamos para seguir adelante. Se vio la necesidad de levantar un templo allí. Varios hermanos colaboramos y se empezó comprando un terreno. Enseguida el pastor mismo con distintos hermanos comenzó a levantar el templo. A pesar de las carencias y dificultades, el Señor ayudó y en un culto muy lindo inauguramos aquel templo ya terminado.

Seguí participando de viajes que hacíamos para ayudar esa obra nueva. Habiendo terminado ese período inicial de aquella obra,

Uruguay

seguimos constantes en nuestra iglesia aquí en San Gregorio. El Señor me ha dado mucha voluntad y entusiasmo, a pesar ya de mi edad, para hacer aquello que Él me pone como deseo.

Fue así que cedí mi casa y presté mucho trabajo a un grupo de jóvenes para hacer y vender pastas caseras, y así reunir el dinero que necesitábamos para concurrir a la convención nacional en Montevideo. Pasamos por muchos y grandes problemas, pero el Señor nos bendijo, cumpliendo nuestro deseo. Para mí fue una bendición especial, ya que desde esa convención el Señor me permitió visitar a mi madre de 94 años. Hacía muchos años que no la veía y para mí fue una gran alegría. La encontré creyente cristiana y con una fe enorme en el Señor Jesús. Vivía con dos hijos y un nieto, todos cristianos.

Ese fue un premio enorme que el Señor me ha dado. Me ha bendecido también en mi salud. Cuatro veces debí ser operada y la última vez fue un caso muy serio. Él hizo un milagro en mí. Estoy muy agradecida al Señor por todos sus cuidados y bendiciones, por nuestros pastores y todo lo que Él ha usado para guiarme a Jesús. Es mi intención mantenerme firme hasta que Él venga o me lleve al cielo.

Me siento muy contenta también porque mis hijos conocen y sirven al Señor. (Su hijo menor, Héctor, luego de admirar por más de 10 años la vida espiritual de la hermana Ciriaca, afirma, "Su gran fe y sus oraciones transformadas en ruego por cada alma perdida, es lo que me conmueve y lleva a imitarla.")

El versículo que llevo en mi corazón es "Todo lo puedo en Cristo que me fortalece" (*Filipenses 4:13*).

Este material fue suministrado por la hermana Nelys Hornos de Labandera y Jesús Acosta.

Conozca La Iglesia de Dios en América Latina

Juan Carlos Labandera (parado a la derecha), prepara orar por Jesús y Liliana Acosta, pastores de la Iglesia de Dios en la capital uruguaya.

Considerado el país menos religioso de América Latina por su cultura extremamente humanística, Uruguay presenta desafíos formidables al crecimiento de iglesias cristianas evangélicas. Arriba, el primer templo de la Iglesia de Dios construido en Montevideo. Abajo, el templo de la misma iglesia hoy en día.

Venezuela

Venezuela

Fundación: 1979

Congregaciones: 21

Membresía: 1.650

Conozca La Iglesia de Dios en América Latina

LA IGLESIA DE DIOS EN VENEZUELA TUVO SU PRINCIPIO EN EL MES DE AGOSTO DE 1979 con la llegada de los misioneros Tom y Mary Lou Walls. Los hermanos Walls comenzaron con servicios en su apartamento en Puerto Ordaz, Estado Bolívar. Después que el grupo creció, se mudaron a la iglesia protestante de habla inglesa conocida como la Iglesia de los Díez Mandamientos.

Los Walls también plantaron la Iglesia de Dios en la ciudad de San Félix, lindante a Puerto Ordaz. Allí se empezaron servicios hogareños en la casa de Julio y Julia Rivas. Con el tiempo, se compró una parcela de terreno y se construyó un santuario en una vecindad llamada "Los Alacranes."

En 1988 los misioneros Walls terminaron su ministerio y regresaron a los Estados Unidos, dejando en su lugar al hermano venezolano Alexis Bolívar a cargo de la obra en Puerto Ordaz. Los pioneros de esta obra fueron Mireya Yovino, Nicola Lovaglio, Marian Brasington y Jeanette Baily.

En1989 los hermanos Carlos García y su esposa Elizabet asumieron el pastorado de la Iglesia de Dios "La Esperanza" de Puerto Ordaz, que seguía reuniéndose en el templo los Díez Mandamientos. Muchas familias nuevas se unieron a esta congregación, incluyendo la familia de Jorge y Thelvia Cochrane. Esta pareja después asumió el pastorado en San Félix al salir del país los pastores Julio y Julia Rivas. Miran Marcial se unió a la iglesia La Esperanza en calidad de pastora de los jóvenes y directora del coro juvenil. Bajo el liderazgo de los pastores Carlos y Elizabet García, la congregación creció en gran manera.

Con la llegada de los misioneros Keith y Gloria Plank en 1992, se abrió obra nueva en la ciudad de El Tigre, estado Anzoátegui.

Los hermanos Plank se jubilaron en 1994 y los hermanos Lorenzo y Margaretha Mondragón tomaron su lugar, llegando a Puerto Ordaz en el mes de agosto. Los hermanos Mondragón permanecieron hasta diciembre del 2005.

Dios bendijo grandemente durante este tiempo. Se abrió la puerta para evangelizar a varios pueblos indígenas bajo el liderazgo del hermano Zabdy Tirado, su esposa Noris y su hijo Julio Cesar. Se establecieron 10 congregaciones indígenas y construyeron varios sitios de adoración.

Venezuela

Nuevas obras se abrieron en El Tigre y en El Tigrito, estado Anzoátegui. Se construyeron templos y, en el caso de El Tigrito, una casa pastoral. Algunos de estos proyectos contaron con la ayuda de campamentos de trabajo procedentes de EEUU.

En la ciudad de Barrancas, estado Monagas, el hermano Antonio Guevara estableció una congregación y construyó templo y casa pastoral. También nació una obra en un lugar empobrecido cerca de Puerto Ordaz llamado Cambalache. Allí se construyó templo y casa pastoral bajo la dirección del hermano Antonio Guevara. En Ciudad Bolívar, estado Bolívar, el hermano Guevara ayudó en evangelizar y construir templo y casa pastoral.

Los hermanos Nicolás y su esposa Maribel Carvajal, quienes pastoreaban la iglesia en El Tigrito, se mudaron a la ciudad de Valencia, estado Carabobo, para plantar la iglesia de Dios. El Señor bendijo grandemente para que crezca esta nueva obra. Se construyó un santuario con la ayuda de hermanos de EEUU y se acondicionó la casa pastoral con la colaboración del hermano Antonio Guevara.

En una pequeña población no muy lejos de San Félix llamada Los Clavellinos, el hermano Antonio Guevara abrió obra nueva y construyó el templo. El hermano Octavio Yepez y su esposa Ysbelia han sido fieles pastores de la Iglesia de Dios en San Félix, asumiendo el liderazgo de la congregación en febrero del 2002 cuando Jorge y Thelvia Cochrane renunciaron a causa de la salud del hermano Jorge.

Otra congregación importante es la que pastorea Luis y Violeta Jeanty en Puerto Ordaz. Reconocido escritor y profesor de la Biblia, el hermano Luis es autor de *Renunciado lo Vergonzoso: Janes, Jambres y los espíritus de engaño e imitación en la iglesia de hoy.*

Dios ha derramado sus bendiciones en Venezuela. No obstante, como todos sus conciudadanos, nuestros hermanos enfrentan las dificultades económicas bien conocidas en América Latina, de un gobierno que ha causado estragos en la población. Pasan hambre y sufren por falta de alimentos y medicinas. Si la iglesia del primer siglo prosperó bajo el Imperio Romano, ¿porque no ha de prosperar la iglesia de Dios bajo una dictadura corrupta? Nadie ni nada puede detener la obra del Espíritu Santo. ¡A Dios sea la gloria!

-- *Por Lorenzo Mondragón.*

Conozca La Iglesia de Dios en América Latina

Gustavo Moros (izq.) y Lorenzo Mondragón, bautizan a nuevo seguidor de Cristo. Junto con su esposa Margaretha, Lorenzo Mondragón sirvió de misionero en Venezuela de 1994 a 2005, periodo cuando la iglesia nacional experimentó una importante expansión.

La Iglesia de Dios ha plantado iglesias entre los pueblos indígenas en la región del Río Caura, Estado de Bolívar. Zabdy Tirado (primera fila con lentes de sol), es obrero activo en este ministerio y técnico petrolero de profesión.

Lista de Publicaciones
de Editorial LA TROMPETA

Himnario de la Iglesia de Dios (letra sola)
La Vida en el Cuerpo, por Norberto Obermann
La Vida en el Espíritu, por David Miller
La Vida en los Últimos Tiempos, por Arturo Schultz
La Vida del Investigador, por Lorenzo Mondragón
La Vida del Discípulo, por Bill Konstantopoulos
Manual Para El Ministerio Cristiano, editado por Roberto P. Oliva
Renunciado lo Vergonzoso: Janes, Jambres y los espíritus de engaño e imitación en la iglesia de hoy, por Luis Jeanty.

Para mayor información de cómo adquirir estos recursos en papel o formato electrónico, sírvase contactar a:

>David Miller
>davidm@latrompeta.org
>Tel. +(591) 74346737
>-- o a --
>Pablo Jones
>wjpauljones0@gmail.com
>Tel. +(591) 4442 2366
>-- o a --
>**www.latrompeta.org**

Libros distribuidos por Warner Press en EEUU
Edificaré Mi Iglesia, por John W.V. Smith
Enseñanzas Básicas de Patmos, por Marie Strong
Recibid El Espíritu Santo, por Arlo Newell
Teología Cristiana a Su Alcance, por Albert F. Gray

Información disponible en **https://www.warnerpress.org/**

www.ingramcontent.com/pod-product-compliance
Lightning Source LLC
Chambersburg PA
CBHW020426010526
44118CB00010B/437